"Si tu veux aller vite, marche seul mais si tu veux aller loin, marchons ensemble."

Proverbe africain

L'ART DU RÉSEAUTAGE

10 STRATÉGIES POUR DOUBLER
SON CHIFFRE D'AFFAIRES GRÂCE AU NETWORKING

Thibault Ebobisé-Épée

Code ISBN : 9798778766631
Marque éditoriale : Indepently published
Club Rentabilité, 2021

TABLE DES MATIÈRES :

“En travaillant ensemble et en réunissant nos richesses, nous pouvons accomplir de grandes choses”.

Ronald Reagan

Plus rien à perdre, tout à gagner !

Arrivé à Bordeaux en septembre 2016, je ne connaissais personne dans la ville. Simple étudiant en Master 1 Gestion de patrimoine, il était temps pour moi de repartir de zéro.

Sans modèle paternel, la réussite d'un homme est, à mon avis, moins accessible. Heureusement, j'ai eu la chance d'avoir mon grand-père comme seul modèle masculin. Un homme fort, intelligent, malin et brillant. Il était un véritable exemple pour moi. Malheureusement, la vie réserve parfois des surprises inattendues. La perte de la personne que j'aimais et admirais le plus dans ma vie m'a totalement brisé.

L'absence de mon grand-père, la solitude, la tristesse m'ont handicapé mais m'ont en même temps appris deux leçons très précieuses :

- la première est que dans la vie, il faut apprendre à se battre seul.
- la seconde est que lorsque vous n'avez plus rien à perdre, votre pouvoir intérieur s'exprime et vous donne la force de transformer votre vie.

Selon les personnes, la perte d'un être cher peut être un accélérateur de votre réussite. J'ai toujours su au fond de moi que mon "**POURQUOI**" était de pouvoir aider les autres autour de moi. Allez savoir pourquoi, j'aurais aimé que quelqu'un m'aide et me comprenne à son tour.

Imaginez, vous arrivez seul dans une ville que vous ne connaissez pas, sans argent en poche, sans contacts. Vous avez un rêve que vous voulez vraiment réaliser, mais vous ne savez pas par où commencer. **Que faites-vous ?** À cette époque, j'étais un jeune étudiant, fauché comme la plupart des étudiants, et mon rêve était de pouvoir travailler dans le secteur de la gestion de patrimoine.
Le seul moyen de réaliser mon rêve était de trouver un emploi pour financer mes études.

Je dois admettre que je n'étais pas particulièrement doué à l'école. Mes compétences en matière de vente étaient plus que limitées, et trouver un emploi était donc un calvaire car je ne savais pas comment me vendre. J'ai donc décidé de contracter un prêt étudiant pour financer ma dernière année d'études dans une prestigieuse école de commerce à Bordeaux.

Ma dernière année d'études s'est terminée très brutalement car, comme beaucoup d'étudiants, je n'ai pas réussi à trouver une entreprise pour mon alternance. Du coup, j'ai commencé ma vie professionnelle avec une dette de 10 000 euros. C'est énorme pour un jeune actif sans emploi, sans argent en poche ! À ce moment-là, j'ai eu un électrochoc. Je ne pouvais pas rester dans cette situation ! Les portes de mon rêve de travailler dans la gestion de fortune se sont fermées à moi. Je me suis dit que je ne devais pas me laisser faire. Ma voix intérieure m'a murmuré "ouvre les portes avec tes propres clés".

C'est ainsi qu'a commencé ma quête pour réussir par moi-même et c'est pendant cette phase de recherche que j'ai découvert le **POUVOIR DU RÉSEAUTAGE**.

À cette époque, je me considérais vraiment comme un étudiant médiocre, je n'arrivais pas à trouver un job d'étudiant, ni un programme d'alternance, vous imaginez que même McDonald's a refusé ma candidature ! Qu'est-ce que j'avais à perdre ? Heureusement, durant ma dernière année, j'ai pu assister à toutes les conférences organisées par l'école. J'ai pu constater que les conférenciers parlaient beaucoup de réseautage mais ne révélaient pas comment construire son propre réseau. Je me suis donc donné pour mission de découvrir les secrets du réseautage.

J'ai donc commencé par chercher des événements qui réunissaient des entrepreneurs. Grâce à Facebook, j'ai découvert plusieurs afterworks à Bordeaux. Avec mon meilleur allié " mon courage ", nous nous sommes rendus à un premier événement à Bègles. Quelque temps plus tard, j'ai organisé mon premier afterwork avec l'association Opportunités d'Ailleurs que j'ai lancée.

Quelle surprise ! 120 personnes y ont assisté, alors que je le faisais en parallèle de mes études ! Grâce à ces événements et au réseau, j'ai décroché un emploi juste après mon master. Tout se passait bien, grâce au réseau !

2018, a été l'année de toutes les surprises.

Je viens de perdre mon premier emploi en tant que gestionnaire de patrimoine.
J'ai également perdu ma femme après seulement 11 mois de mariage.
Le pire, c'est que je me suis retrouvé sans maison !

Je n'avais pas d'autre choix que de lancer un concept pour survivre. C'est à ce moment-là que j'ai décidé de créer le **CLUB RENTABILITÉ**.

Imaginez, sans emploi, sans argent, sans toit sur la tête et avec l'absence de volonté de demander à sa propre famille de survivre, c'était une période incroyablement difficile !

Le réseau m'a permis de développer un club d'affaires immobilières, le Club rentabilité qui m'a ouvert les portes du plus grand stade de Bordeaux: le stade MATMUT. Oui, grâce au réseau j'ai eu l'idée de créer l'incroyable concept du Salon de l'investissement immobilier qui m'a aidé à comprendre que moi aussi j'ai le droit de réussir.

Le Salon de l'investissement immobilier est un concept innovant qui réunit tous les acteurs de l'immobilier, les particuliers et les investisseurs. C'est un concept qui plaît et qui a pour but d'aider les personnes qui souhaitent investir dans l'immobilier.

Par la suite, j'ai ouvert plusieurs clubs d'affaires dans les régions d'Arcachon, du Pays Basque et également à Albertville. Cependant, j'étais seul pour gérer tous ces clubs. Je me suis rendu compte que mes fondations n'étaient pas si solides.

J'ai failli tout perdre à cette période mais rien n'est jamais perdu !

Bonne lecture.

Introduction

Imaginez ! Nous sommes en 2022, vous avez réalisé que la vie que vous menez actuellement n'a plus de sens pour vous.

Vous souhaitez trouver un sens clair à votre quotidien et décidez de changer de vie et de repartir de zéro. Pour ce faire, vous avez pris la décision radicale de déménager dans une nouvelle ville. Le plus difficile, lorsque vous arrivez dans un nouvel endroit, est de trouver LE logement de vos rêves.

C'est là que commence le parcours du combattant. Vous avez vraiment cette volonté en vous de changer votre vie dans cette nouvelle ville qui vous plaît et que vous avez choisie, vous n'abandonnez pas et vous acceptez d'abord un logement qui ne répond pas à tous vos critères.

Parfois il peut même arriver pour certaines personnes quand il n'y a pas trop le choix d'accepter un petit logement vétuste ou même rongé par l'humidité et les souris (j'avoue c'est ce qui m'est arrivé à mon grand désespoir dans le premier logement que j'ai habité, lors de la visite il n'y avait rien de flagrant, c'est à la fin du premier mois que j'ai constaté une forte humidité dans le logement et à ma grande surprise l'apparition de souris. J'étais totalement triste, déprimée et perdue).

Il y a aussi des gens qui, parce qu'ils n'ont pas trouvé d'endroit pour vivre, dorment dans leur voiture. Avant de trouver mon premier appartement, j'ai dû passer par l'étape de la vie dans ma voiture.

Si vous avez trouvé votre logement, félicitations ! Il vous faut maintenant passer à l'étape suivante : trouver un emploi pour subvenir à vos besoins. Cependant, trouver un emploi n'est pas automatique, même si vous êtes hautement diplômé. Trouver un emploi dans une nouvelle ville où vous ne connaissez personne n'est pas une tâche facile. Seuls ceux qui savent vraiment se vendre lors d'un entretien peuvent s'en sortir. Tout le monde n'a pas la même capacité à se vendre lors d'un entretien. Si on prend l'exemple des étudiants qui cherchent une alternance, ce qui était mon cas quand je suis arrivé à Bordeaux. Il y a 50% de chance de se retrouver endetté avec un prêt étudiant. Et ça pique vraiment, croyez-moi !

Pour commencer une nouvelle vie dans une autre ville où vous ne connaissez personne, il faut du courage, de la persévérance, de la patience et surtout de l'audace !

Vous vous demandez peut-être pourquoi je mentionne tous ces détails avant d'entrer dans le vif du sujet ? C'est simple, je veux vous montrer que pour avoir la vie que vous voulez, vous devrez passer par des étapes inconfortables (trouver un logement, trouver un emploi, trouver de nouveaux clients, accepter les refus en masse...etc). C'est vraiment une étape de votre vie qui peut être très éprouvante lorsque vous êtes seul. Le **RÉSEAU** est l'une des clés qui ouvrent toutes les portes.

Si vous le voulez bien, j'aimerais revenir sur la partie de ma vie qui m'a le plus marqué : lorsque j'ai dû contracter un prêt étudiant.

En effet, n'ayant pas trouvé d'alternance, j'ai dû contracter un prêt étudiant de 10 000 euros pour entrer dans une école de commerce. Après avoir obtenu mon Master 2, Gestion de patrimoine et marchés immobiliers. La seule chose que j'ai retenue de ma dernière année d'étude est l'importance de créer un véritable réseau de personnes hautement qualifiées.

À l'époque, je me suis dit que j'étais vraiment dans une impasse, j'étais timide, je ne savais pas me vendre, je ne trouvais pas de travail. En plus de cela, j'avais des pensées très limitatives et négatives qui m'empêchaient d'agir. Comment puis-je créer mon propre réseau ?

Tout d'abord, j'ai pris mon courage à deux mains, mis ma timidité de côté et commencé à étudier le marché des événements de réseautage et à y participer. J'ai rencontré une centaine de personnes en 6 mois de networking. Ensuite, j'ai commencé à créer mes premiers événements alors que j'étais encore étudiant.
Comme je vous le disais au début de mon livre, le premier événement que j'ai créé a été une grande surprise pour moi.
J'ai réussi à rassembler 120 personnes. Pour moi, à l'époque, c'était fou ! Je n'en croyais pas mes yeux !

Je ne pensais pas qu'autant de personnes pouvaient s'intéresser à moi et à mon événement. Grâce à cette première expérience réussi, j'ai commencé à prendre confiance en moi et j'ai vu que j'aimais vraiment organiser ce genre de soirée d'affaires. J'ai fait mes premiers pas en tant que **Networker** et j'ai découvert ma passion pour la création de concepts.

Puisque vous avez pris le temps de lire ces quelques lignes de mon livre, je vous propose le 1er conseil pour construire un réseau de personnes hautement qualifiées : accordez plus de temps aux personnes en face de vous. Soyez attentif à 200% lorsque votre interlocuteur vous parle afin de mieux le connaître et de satisfaire au mieux ses besoins.

Organiser des événements récurrents sur la scène bordelaise augmente votre valeur ajoutée auprès des chefs d'entreprise de la région. J'ai trouvé mon premier emploi grâce au réseau que j'avais constitué.

Ah, ma belle carrière de Conseiller en gestion de patrimoine, une belle carrière qui ne restera que dans mes rêves. Après 6 mois, j'ai été gracieusement licencié par la société qui m'avait recruté car je n'avais pas atteint les objectifs de vente. En réalité, ce fut un véritable soulagement pour moi. En fait, c'est au bout du quatrième mois que j'ai ressenti l'envie d'arrêter la prospection.
Le fait de démarcher les personnes de mon réseau en leur proposant des produits qui ne répondaient pas à leurs besoins devenait un fardeau au quotidien.

Je voulais devenir Conseiller en gestion de patrimoine pour aider les autres à gagner. En réalité, nous n'offrons pas les opportunités les plus rentables.
Une agence de courtage très connue dans la région a remarqué l'incroyable réseau que j'ai réussi à construire. Cette agence m'a approché pour collaborer avec eux en tant que courtier.
Les responsables m'ont vraiment vendu du rêve, pour tout vous dire, ils m'ont assuré que grâce à mon réseau j'allais gagner 10 000 € par mois.

Après 3 mois de travail, je n'avais pas gagné un seul euro. Avec le recul, c'est ma faute, je n'ai probablement pas utilisé 100% de mon vrai potentiel.

Faisons les comptes, 2 expériences professionnelles, 2 échecs cuisants. Pour continuer sur la ligne tragico-dramatique, en septembre 2018, je me suis séparé de ma femme après seulement 11 mois de mariage. En parfait gentleman, je lui ai laissé le logement.

Donc, pour résumer, je suis sans emploi, divorcé, autant dire que ce profil ne plaît pas aux propriétaires. En conséquence, je me suis retrouvé sans toit et vivant dans ma voiture. Il y a deux scénarios :

1. Un homme psychologiquement normal aurait demandé à ses amis de l'héberger ou serait retourné chez ses parents, au moins le temps de trouver un emploi.
2. Un homme qui a de la folie en lui va prendre des risques et lance son entreprise depuis sa voiture par fierté ou simplement par désespoir.

A ce moment-là je me suis vraiment demandé ce que j'allais faire de ma vie...

Je me suis rendu compte au fil du temps que j'avais deux activités que je pratiquais au quotidien:

1. j'avais une passion pour l'immobilier
2. j'excelle dans l'art du réseautage

Je vous raconte cette histoire tout simplement parce que je souhaite que vous puissiez prendre conscience que ce genre de situation peut arriver à tout le monde et à tout moment. Selon moi, on peut toujours briller sans emploi et même sans toit. Toutes les anecdotes de cette période seront peut-être distillées dans le livre. Après tout, c'est un livre qui vous présente l'art du réseautage, ce n'est pas un roman de pleurnicherie.

Le pouvoir du réseautage m'a permis de créer un club d'affaires immobilières, un salon du stade et même d'écrire des livres.

Retenez une chose de mon histoire : **rien n'est impossible avec le networking !**

Entrons dans le vif du sujet !

Qu'est-ce que le réseautage et que pouvez-vous tirer de votre réseau ?

Le réseautage consiste à avoir une communauté qui vous suit et apprécie ce que vous faites ou la personne que vous êtes. Une personne qui maîtrise l'art du réseautage a la capacité de déplacer des foules et des montagnes avec une vision. C'est là tout l'enjeu de votre leadership.

Qu'ont en commun le Général de Gaulle et Gandhi ? Bien qu'ils se soient battus pour des causes différentes, ils ont certainement inspiré et eu un réel impact sur le monde qui les entourait. Les guerres se gagnent avec de l'argent, des soldats, mais aussi avec des réseaux secrets qui opèrent dans l'ombre. Des réseaux si puissants et secrets que peu de gens peuvent y avoir accès. Connaissez-vous les francs-maçons et les Illuminatis ?

De grandes décisions sont prises dans notre dos et à notre insu. Petite anecdote sur le sujet, saviez-vous qu'il existe même des Gilets jaunes Francs-maçons ? Apparemment, on peut concilier l'appartenance à plusieurs réseaux et causes.

Donc le réseau peut vous mener au pouvoir. Parfois, ce n'est pas celui qui est au pouvoir qui est vraiment en charge. Rappelez-vous la leçon que Tywin Lannister a donnée à son petit-fils dans Games of Thrones. Posséder d'immenses richesses ne garantit pas que vous resterez au pouvoir. Le colonel Kadhafi a fait l'expérience de perdre les réseaux qui lui étaient alors fidèles.

Votre réussite dépend elle-même de votre capacité à vous entourer. La règle des 5 personnes qui vous entourent définit dans la plupart des cas votre succès. Prenons des cas vraiment opposés pour démontrer l'importance du réseau.

Dans le premier cas, votre réseau primaire est constitué d'un alcoolique, d'un drogué, d'un escroc, d'un kleptomane et d'un prisonnier.

Dans le second cas, votre réseau primaire est constitué d'un investisseur immobilier, d'un entrepreneur à succès, d'un champion olympique, d'un inventeur de génie et d'un expert reconnu dans son domaine.

Vous avez 1000 fois plus de chances de réussir dans la vie en choisissant le second cas, en vous entourant des bonnes personnes.

Votre réseau peut vous sauver la vie !

Lorsque je me suis retrouvé sans abri, j'aurais pu demander à ma mère de m'héberger ou à des amis de m'aider. Ils l'auraient fait sans hésiter ! J'ai un membre qui m'a même offert l'hospitalité pendant un mois sans que je le demande. Votre réseau peut vous procurer tout ce que vous voulez si vous savez l'entretenir.

Trouver un emploi peut être un jeu d'enfant avec un réseau solide. Tout ce dont vous avez besoin, c'est d'une communauté et de visibilité. C'est l'emploi qui vous cherche, et non l'inverse.

Le réseau est votre meilleur allié pour réussir en affaires en vous permettant de rencontrer plus facilement vos futurs clients ou partenaires.

Vous pouvez augmenter votre valeur sur le marché des célibataires en devenant le George Clooney de votre ville. En effet, nous sommes tous à la recherche de quelque chose qui brille, alors devenez le soleil de votre ville.

Avec le réseautage, il n'y a pas de limites à votre influence. Barack Obama dispose d'un énorme réseau et a réussi à atteindre le sommet des institutions malgré les barrières de sa couleur de peau connue aux États-Unis.

Pourtant, ce super pouvoir du réseau qui vous permet d'obtenir ce dont vous rêvez est en réalité très peu enseigné. Mon souhait est de vous révéler tout ce que j'ai toujours voulu savoir depuis mon plus jeune âge. Je me suis d'abord posé ces questions : Comment devenir une personne qui influence les gens de manière positive ? Comment réaliser mes projets ? Comment passer à l'action ?

En partant de rien, j'ai pu passer de sdf à organiser le plus grand évènement d'investissement immobilier au stade du MATMUT à Bordeaux. Je pense vraiment que vous avez cette force intérieure, ce pouvoir de faire beaucoup mieux et réaliser des projets extraordinaires.

Grâce à ce livre, vous aurez les armes nécessaires pour créer un réseau puissant. Pour moi, je vois ce livre comme un véritable guide pratique pour devenir un **TOP NETWORKER**. Dans la vie, nous avons tous une mission, à vous de la trouver et d'influencer le monde de manière positive. Ma mission est d'entrer dans l'histoire en faisant de grandes choses. Je ne le ferai pas seul, mais avec mon réseau et avec vous. Vous allez suivre un cours intensif pour atteindre le sommet et dépasser vos objectifs.

Passons aux choses sérieuses !

CHAPITRE 1

Entrez dans les meilleurs réseaux :

rencontrez les vrais décideurs de votre ville

J'avais l'impression que toutes les portes m'étaient fermées. Pourtant, j'étais prêt à faire d'énormes sacrifices pour entrer dans la cour des grands. J'étais même jaloux de ceux qui obtenaient tout ce que je ne pouvais pas avoir. Malgré l'absence de ces éléments, j'avais la chance d'avoir une famille aimante, mais malheureusement, elle ne pouvait pas me soutenir matériellement dans ma quête de réussite.

La première personne à m'avoir transmis le secret du réseau a été mon grand-père, un homme incroyable au parcours extraordinaire. C'était un immigrant clandestin d'origine camerounaise qui est devenu un formidable homme d'affaires. Comme la plupart des hommes d'affaires, il a fini par franchir la ligne rouge de l'illégalité. Néanmoins, il m'a fait découvrir son pays d'origine lorsque j'avais 15 ans. Je me souviens que pendant mon séjour dans son pays, il passait la plupart de son temps avec de belles femmes et me laissait de côté. Lorsqu'il était disponible, il me présentait à tout son réseau. D'un chef traditionnel respecté au niveau national à des notaires influents.

C'est alors que j'ai compris son véritable statut dans son pays d'origine. En France, il ne montrait pas son réel pouvoir. Il vivait comme un parfait inconnu à l'âge de 70 ans. Il m'a présenté le plus grand notaire du Cameroun, Maître Etoke, qui est devenu plus tard mon père adoptif. Le charisme de cet homme remarquable m'a fait comprendre qui je voulais devenir. Un notaire puissant et respecté !

Ce que j'ai compris plus tard, c'est que mon mentor de réseau s'est fait un nom parce qu'il entretenait son réseau. Maître Etoke est venu étudier en France grâce à mon grand-père qui lui avait permis d'obtenir un titre de séjour. Grâce à son réseau, j'ai pu faire un stage dans cette étude notariale 2 ans plus tard. C'est là que je suis tombé amoureux du pays et de la magie du réseau. Avec les bonnes personnes, vous pouvez entrer dans n'importe quel endroit. Aucune barrière ne peut vous résister. Pour réussir à entrer dans un endroit prestigieux, vous devez construire un réseau de qualité.

Revenons maintenant à la France et au côté pratique de ce chapitre.

Comment sélectionner les meilleurs réseaux ?

Plutôt que de faire une liste exhaustive de tous les réseaux que vous pouvez rejoindre. Je vous propose de découvrir la stratégie de la puissance 4. Il s'agit d'une stratégie qui consiste à combiner différents réseaux qui ont le plus de pouvoir dans votre ville. Tout comme un investissement immobilier, il est impératif de diversifier vos réseaux sans en diminuer la qualité.

Les réseaux d'affaires

Il existe de nombreux réseaux et clubs d'affaires. Ils ne sont pas tous identiques, mais ils ont tous un objectif commun : vous aider à développer votre entreprise !

Un petit conseil que je vous propose. Vous arrivez dans une nouvelle ville. Partez à la découverte d'un club d'affaires. Les clubs d'affaires représentent entre 100 et 200 entreprises, de la plus petite à la plus grande. Si vous voulez entrer en contact avec des entreprises comme la Fnac, BMW ou Sephora. C'est tout à fait possible. L'avantage de ces clubs d'affaires est que vous pouvez rencontrer tous les acteurs de votre communauté. De plus, le coût est relativement faible, comptez 200 euros par an.

Si vous cherchez à développer encore plus votre business, je vous recommande 2 grands clubs.

Tout d'abord, le **BNI** qui est le plus grand réseau de recommandations au monde avec plus de 300 000 membres dans le monde et 15 000 en France. Le fonctionnement est simple et terriblement efficace. Une réunion de 2 heures par semaine qui se divise en 3 parties. La présentation de tous les participants, la présentation d'une entreprise et le partage des recommandations de la semaine.

Une seule entreprise par profession pour éviter la concurrence et optimiser les performances. Certains groupes ont plus de 2 millions de recommandations par an, ce qui représente une moyenne de 40 millions de chiffre d'affaires par an. Ce réseau d'affaires est un véritable générateur de business avec une application qui comptabilise toutes les actions du groupe. La seule contrainte est la rigueur de la présence avec des horaires matinaux mais qui est largement compensée par sa rentabilité.

Vous préférez le format face à face ? Autrement dit les speed-meetings ?

Le leader du marché est Dynabuy, qui propose plusieurs services très avantageux. Vous bénéficiez d'un CE, de tarifs sur les frais généraux ainsi que de plus de 8 réunions de direction où vous rencontrez en moyenne 40 chefs d'entreprise par événement. C'est l'occasion de rencontrer plus de 100 personnes par mois. Avec un bon pitch et une offre convaincante, vous pouvez vraiment construire un réseau de partenaires commerciaux. Pour tirer le maximum de profits de chaque tête à tête, je vous préconise d'avoir un modèle de tête à tête défini à l'avance. L'utilité de ces têtes à tête est de récupérer les contacts, les informations nécessaires, faire connaître vos offres et prendre des rendez-vous.

Voici les 5 informations importantes à mettre en place dans votre base de données de contacts.

1) Parlez-moi de votre entreprise et de vos services
2) Qui sont vos clients ?
3) Quels sont vos besoins et vos objectifs ?
4) Comment puis-je vous recommander ?
5) Quand êtes-vous disponible pour un rendez-vous ?

Vous disposerez de 3 minutes pour recueillir ces informations.
Les 3 autres minutes seront utilisées pour vous présenter et faire une impression durable. N'oubliez pas de recueillir la carte de visite de chaque personne que vous rencontrez.

Les réseaux d'affaires spécialisés peuvent aussi doubler votre chiffre d'affaires.

Prenons l'exemple du réseau d'affaires que j'ai mis en place : un club d'affaires immobilières.

La valeur ajoutée d'un club spécialisé est de réunir des acteurs d'un même secteur qui partagent le même type de clientèle sans être clients.

Le Courtier immobilier, le Chasseur immobilier, le Notaire et le Décorateur d'intérieur peuvent travailler ensemble sur le même dossier client. C'est pourquoi ils ont des intérêts communs à se recommander mutuellement.

Pour vous donner un exemple concret, imaginons que vous soyez un Courtier en prêt immobilier. Votre club d'affaires immobilières est composé de 40 Membres qui sont complémentaires à votre activité. Chaque membre vous apporte 2 clients par an, soit 80 dossiers de financement. Sur la base d'un panier moyen de 2 000 euros, votre réseau vous permet de générer 160 000 euros.

Il existe des réseaux spécialisés dans de nombreux domaines, recherchez donc l'efficacité. Vous pouvez choisir un seul de ces réseaux d'affaires ou en combiner plusieurs. Pour multiplier vos opportunités, je vous recommande de miser sur 3 qualités en laissant un commercial par réseau d'affaires.

Maintenant que l'échauffement est terminé, passons au match !

Les Réseaux Business Sport

Le sport a toujours eu pour effet de rapprocher les communautés. C'est un excellent moyen de rencontrer des gens, de s'entraider et de faire des affaires. De nombreux clubs sportifs mettent en place des réseaux de partenaires afin de s'assurer une source de revenus et d'attirer des spectateurs les jours de compétition. C'est une très bonne stratégie de leur part, ils offrent des opportunités de rencontres amicales avec des entreprises influentes.

Dans ma ville, les réseaux Business Sport les plus influents sont le réseau des Girondins et le réseau de l'UBB. En terme d'influence,
le football et le rugby attirent les entreprises des plus petites aux plus grandes.

En fonction de votre lieu de résidence, le réseau Sport d'affaires le plus qualitatif peut varier. A Montpellier ce sera le handball ou le basket dans une autre ville.

Vous combinez votre passion pour le sport tout en faisant des affaires. Quoi de mieux ? La plupart des entreprises partenaires sont de très bonne qualité et ont vocation à se développer.
Certains de ces réseaux représentent plus de 1000 entreprises.
Vous avez donc plus de 1000 opportunités de trouver des clients.

L'avantage du sport est qu'il vous permet de récompenser et de fidéliser vos clients. Testez le pouvoir des places gratuites à un match. Ne pas rejoindre un réseau qui vous passionne serait une véritable perte pour votre développement.

Il est temps de passer dans la cour des grands en rencontrant les véritables acteurs du pouvoir dans votre ville.

Les réseaux des décideurs

La question que vous devez vous poser est la suivante : Qui sont les hommes et les femmes les plus influents et les plus riches de votre ville ?

L'idée est de pouvoir entrer en contact avec les personnes les plus puissantes petit à petit. Personne n'est inapprochable, alors devenez la personne indispensable même pour ceux qui ont beaucoup plus de pouvoir. Afin de vous aider à découvrir comment atteindre le sommet, je vais vous parler de ma première rencontre avec un milliardaire. Avant de développer mon réseau, comme je vous l'avais expliqué, mon désir était de devenir Conseiller en gestion de patrimoine ou de fortune. Conseiller les hommes les plus puissants du monde a toujours été mon rêve ! Même si vous ne venez pas d'un milieu aisé, vous pouvez le faire. Il suffit de savoir saisir ou créer des opportunités.
Le premier réseau que j'ai rencontré à Bordeaux était une association d'étudiants camerounais. Rejoindre une association a eu un effet positif sur mon aisance dans la ville. Rencontrer des étudiants qui partagent des intérêts communs était parfait pour moi.
Après quelques recherches, il s'est avéré qu'un des maires adjoints de la ville de Bordeaux était d'origine camerounaise. Cet homme politique menait des actions concrètes et organisait des événements qui récompensaient les entrepreneurs africains.

En plus de cette casquette politique, il est le conseiller d'un milliardaire bordelais spécialisé dans le vin. Un acteur beaucoup plus connu en Afrique qu'en France, Il était numéro 3 mondial dans le secteur du vin avec une fortune personnelle estimée à 5 milliards d'euros. Je vous laisse le soin de faire les recherches sur la personnalité dont je parle afin de découvrir la stature du personnage. J'ai participé à la cérémonie de remise de prix de la fondation de cet homme d'affaires organisé par notre homme politique. L'événement s'est déroulé dans l'un des nombreux châteaux de notre milliardaire. Si cela ne vous dérange pas, je préfère garder le nom du château confidentiel.

Lors de cet événement, je me suis présenté à notre futur grand ami du Maire de Bordeaux. Notre rencontre a été particulière car lorsqu'il m'a présenté, il a été surpris d'avoir une personne à la peau blanche avec un nom de famille camerounais. Cette curiosité de nature au-delà de l'aspect humoristique de la situation m'a permis de montrer que j'étais prêt à m'engager dans des actions concrètes. J'en ai profité pour féliciter Monsieur C. pour l'empire industriel qu'il avait créé avec sa famille avant de partir.

Ma mission était accomplie, j'avais rencontré mon premier milliardaire et son conseiller personnel savait qui j'étais. C'était le premier pas pour aller encore plus loin. Quelques années plus tard, ce même conseiller m'a demandé de l'accompagner dans sa stratégie de communication pour un projet personnel. Si je n'avais pas été dans cette première association, je n'aurais pas pu avoir mes premières entrées à la mairie.

La morale de cette première histoire est de commencer à se constituer un réseau en rejoignant une association. Les associations vous ouvriront plus facilement les portes du réseau de la mairie.
Il n'est pas nécessaire d'être un politicien pour se constituer un réseau efficace, mais apprenez à rendre service à ce réseau, qui est l'un des plus influents. En effet, tout le monde veut avoir des contacts à l'hôtel de ville et tous les riches de votre ville ont d'excellentes relations avec ces personnalités publiques. Personnellement, je préfère conseiller les acteurs politiques plutôt que de devenir un politicien. Les défaites électorales sont parfois fatales, alors attention aux élections...

Continuons notre entrée dans le monde inaccessible des ultra-riches de notre ville. Lorsque j'ai créé mon club d'affaires, petit rappel, je n'avais pas de logement fixe mais un bureau idéalement situé au centre de la ville. Je louais un espace de travail nomade pour 200 euros ht par mois, ce qui me permettait de recevoir du monde et surtout de prendre de bonnes douches bien chaudes tous les jours. Un peu d'humour dans ce guide ne peut être que bénéfique. Malheureusement, il y avait un inconvénient à ce très bel espace de coworking.

Il n'y avait que 10 bureaux privés et 16 espaces de travail. Bien sûr, j'ai pu rencontrer de futurs partenaires et clients, c'est la beauté de travailler dans un espace de coworking. À un moment donné, je n'ai pas pu aller plus loin dans le réseautage dans cet espace car il n'y avait pas assez de coworkers.

C'est alors que j'ai eu une idée presque géniale selon moi : faire du Grand Hôtel de Bordeaux mon nouveau bureau. C'est le meilleur hôtel de Bordeaux et parmi les mieux notés de France. Cet hôtel 5 étoiles dispose d'un SPA avec une salle de sport, un espace détente et un rooftop. L'endroit idéal pour rencontrer des personnes de valeur et se détendre car vivre sans logement n'est pas toujours facile. Mon premier espace de travail dans un espace de coworking m'a coûté 240 euros ttc. Le SPA du Grand Hôtel de Bordeaux coûtait 200 euros du lundi au vendredi et 270 pour y aller le week-end et la semaine. J'ai donc décidé de faire du Grand Hôtel mon QG pour 20 euros de plus. C'était une affaire en or, je pouvais aller travailler, faire du sport, profiter du SPA et développer mon réseau.

J'y suis resté jusqu'au premier confinement, cela m'a permis de découvrir que le propriétaire du Grand Hôtel était l'homme le plus riche de Bordeaux. D'ailleurs, il a fait d'excellents rachats d'entreprises après le premier confinement. Il est à la tête de 800 magasins en France dont les plus connus sont des enseignes comme Camaïeu, La Grande Récré ou des franchises Galeries Lafayette…

Comment entrer en relation avec cet homme d'affaires ?

Je ne l'ai jamais rencontré personnellement mais j'ai pu échanger quelques fois avec le directeur général du Grand Hôtel de Bordeaux. Très sympathique, il est venu échanger avec moi après m'avoir vu travailler dans l'établissement.
Un jour, et c'est un objectif que je vais relever, je réserverai 10 chambres et demanderai à obtenir l'email du Roi des rois de Bordeaux. Cette personne est typiquement celle que j'aimerais devenir un jour. J'espère qu'il aimera mon projet de salon de l'investissement immobilier afin de parler devant un stade de 10 000 personnes.

Tout ça pour dire qu'il faut travailler là où se trouve le vrai pouvoir et ce n'est pas plus cher qu'un espace de coworking parfois.
Si vous aimez danser alors allez danser là où les hommes d'affaires s'amusent le week-end pour entrer plus facilement en contact avec eux.

Les réseaux passions

Vos passions sont vos plus grandes motivations pour réussir.
Puisez en elles toute l'énergie dont vous avez besoin pour vous élever et devenir la personne la plus performante du marché.

Mes principales passions sont le sport, le cinéma et la danse, même si je suis un très mauvais danseur. Chacune de ces passions peut être une occasion de se constituer un réseau.

J'ai donc rejoint une salle de sport haut de gamme à Bordeaux et j'ai pu nouer d'excellents contacts professionnels. Ils vont du propriétaire de la salle de sport à des hommes d'affaires et des journalistes.
Je vais à la salle de sport presque tous les jours pour renforcer mon corps et mon esprit. Les échanges sont facilités surtout lorsque votre salle de sport organise des after work chic tous les 3 mois.
En outre, vous pouvez combiner une salle de sport avec un espace de travail. J'ai la chance d'avoir une salle de sport qui a 3 sites à Bordeaux, dont l'un vient d'ouvrir dans un hôtel 4 étoiles. Pour 90 euros, j'ai accès à une salle de sport haut de gamme avec SPA et un hôtel pour travailler.

Imaginez recevoir vos futurs clients dans un hôtel haut de gamme, cela vous permet de marquer des points. En plus de cela, votre passion pour le sport vous offre un lieu pour travailler votre corps et votre réseau.
Le choix d'une salle de sport haut de gamme est judicieux si vous souhaitez échanger avec des personnes issues des classes sociales les plus élevées, car tout le monde n'a pas les moyens de dépenser 70 euros dans une salle de sport. C'est le filtre parfait pour le réseautage.

Le cinéma est le lieu idéal pour se détendre après une journée de travail, surtout quand on n'a pas de toit. Il est vrai qu'aller seul au cinéma m'a toujours rebuté par honte. C'est l'un des meilleurs moyens de retrouver de l'énergie et de l'imagination.
Pour seulement 20 euros par mois, vous bénéficiez d'une carte de cinéma illimitée avec d'autres avantages comme des places gratuites pour vos invités. Vous pouvez y aller deux fois par semaine sans souci et réunir un groupe d'amis ou de chefs d'entreprise avec un film par mois pour créer encore plus de liens.

Danser la salsa était un vrai défi pour moi, c'est pourquoi des leçons étaient nécessaires. Je dois avouer que je n'étais pas assez régulier dans les cours, par conséquent j'ai abandonné cette activité. Néanmoins, l'esprit salsa favorise les rencontres et en dansant vous développez inconsciemment votre réseau tout en faisant quelque chose que vous aimez. Combiner votre passion pour la danse et le networking peut se faire sur la bachata.

Ne négligez pas vos passions au profit du business.
Faites de vos passions des sources de business. Lier l'utile et l'agréable est essentiel à votre réussite.

La stratégie pour rejoindre les décideurs de votre ville

Aujourd'hui vous connaissez les principaux réseaux pour faire partie des 5% de vendeurs, entrepreneurs ou chefs d'entreprise qui réussissent vraiment dans leur activité. Je tiens vraiment à vous avertir que si vous n'avez pas de stratégie efficace pour rejoindre ces différents réseaux, vous allez vous casser les dents.

Si je vous parle de mon exemple, vous comprendrez.
En l'espace d'un an, j'ai ouvert 5 clubs d'affaires ! Fantastique me direz-vous... En réalité pas vraiment, en voulant aller plus vite que la musique, mes ailes se sont brûlées.

Ne vous éparpillez pas !

Restez concentré sur un seul projet avec un ou plusieurs objectifs facilement réalisables. Ce que je veux dire par là, c'est qu'il vaut mieux éviter de se trouver dans plusieurs secteurs d'activité à la fois, car vous finirez par vous perdre. Concentrez vos forces dans des actions efficaces car vous devrez absorber et soutenir les besoins de votre réseau.

Idéalement, je vous recommande de ne participer qu'à deux événements professionnels par semaine pour développer votre réseau. Cela ne vous empêche pas de pratiquer votre passion tous les jours à la salle de sport si vous le souhaitez.

Connaissez vous la stratégie des 3 réseaux ? Réseau d'affaires, réseau d'influence et réseau de passion.

La première étape est de trouver la passion qui vous donnera la motivation et l'inspiration. Rejoignez un club de sport, un club de danse ou même un club d'échecs...

Une bonne dose d'énergie positive vous donnera les clés pour développer votre réseau d'affaires. En intégrant un club d'affaires qui vous permet de voir ses membres au moins deux fois par mois. L'idée de cette intégration est que tous ces membres vous recommandent au moins une fois par an.

Ensuite, la partie suivante de la stratégie vous propose d'accroître votre influence en participant à des projets caritatifs, associatifs ou de développement de la ville. En devenant un leader actif au sein de la communauté, vous attirez cette dernière.

En suivant cette stratégie, vous participerez à 8 réunions d'affaires par mois et à 8 réunions de membres passionnés par une activité précise qui constitueront passivement votre réseau.

La moitié du mois, vous construisez votre réseau, ce qui est déjà une première étape essentielle.

Après avoir validé la stratégie des 3 réseaux, vous devez être capable de vous multiplier dans les réseaux pour que chaque jour le réseau travaille pour vous.
Le réseau vous a permis de doubler votre chiffre d'affaires mais vous voulez aller encore plus loin. Malheureusement vous ne pouvez pas être partout.

Vous allez devoir développer votre équipe en intégrant un Commercial. Sa mission sera d'être votre clone du réseau afin de ne manquer aucune opportunité. Vous étiez limité par le temps, en intégrant votre Commercial, il pourra se consacrer à 100% au développement commercial de votre entreprise.

Votre commercial peut intégrer 3 autres réseaux d'affaires afin que chaque jour de la semaine soit une source d'affaires.
Combiné à vos 2 jours de réseau d'affaires par semaine, vous êtes sûr de conclure des affaires.

Rejoignez les 5 plus grands réseaux d'affaires de votre ville avec votre équipe afin de multiplier votre chiffre d'affaires. C'est ce qu'on appelle **la stratégie du réseau clone**.

Votre nom ou celui de votre entreprise doit être connu dans toute votre ville, vous devez donc **être un bon réseauteur** !

La pratique pour être couronné de succès dans tous les réseaux

Rejoindre un réseau n'est pas la chose la plus compliquée. L'objectif est de pouvoir s'épanouir et de contribuer à la réussite du réseau.

Vous devez être la personne qui fait gagner le réseau. Apportez autant de références que possible à votre réseau. Plus vous apporterez de références à votre réseau, plus vous deviendrez indispensable.

Si vous voulez vraiment réussir, vous devrez investir dans le développement des clubs que vous rejoignez. Invitez un maximum de personnes à des événements et proposez des solutions pour faire connaître votre club au grand public. Prenez rendez-vous avec chaque membre et partagez une photo avec eux par exemple.

À chaque événement, je vous encourage à prendre de belles photos et à les partager sur vos différents réseaux sociaux. Les photos d'événements sont celles qui génèrent le plus d'interactions.
Elles montrent également que vous faites partie d'un réseau que les gens ont envie de rejoindre. Vous contribuez à l'influence du réseau et vous devenez par la même occasion un véritable rayon de soleil.

En faisant gagner les autres et en les valorisant, vous êtes finalement un élément précieux qui sera récompensé. Le vrai roi n'est pas celui qui porte la couronne, c'est celui qui met la couronne sur la tête du roi. Plus vous répondez aux besoins des membres de votre réseau, plus vous gagnez.

Exemple : Imaginons que vous puissiez apporter des affaires aux grands de ce monde. Bien sûr, vous serez récompensé financièrement, mais en réalité, vous gagnez **le statut de gagnant**. Vous êtes LA personne incontournable du carnet d'adresses des grands de ce monde. C'est ainsi que vous avancez.

Si vous ne deviez retenir qu'une seule chose de ce chapitre : **L'art de faire gagner les autres est le véritable secret de votre pouvoir d'influence !**

Plan d'action pour rejoindre les meilleurs réseaux dans les 6 prochains mois :

1 - Faites une liste de tous les réseaux dans votre ville.
2 - Visitez les 10 principaux réseaux de votre ville.
3 - Créez une base de données de 100 personnes que vous avez rencontrées
4 - Rejoignez votre premier club d'affaires
5 - Faites une activité qui vous passionne
6 - Rencontrez tous les membres de votre club
7- Rejoignez un deuxième club d'affaires en bénéficiant des avantages de votre premier réseau.
8 - Contribuez à un projet dans votre communauté
9 - Installez vos bureaux dans le lieu où il faut être
10 - Organisez votre premier événement ou webinaire de mise en réseau

CHAPITRE 2 :
Créer une communauté hautement qualifiée de prospects ciblés et de futurs partenaires d'affaires

Nous ferons de vous la femme ou l'homme le plus qualifié de votre ville. C'est bien beau de se constituer un réseau en participant à de nombreux événements. Mais répondent-ils vraiment à vos besoins et vous satisfont-ils ? En essayant d'être partout, vous ne finirez nulle part ! Concentrez-vous sur la qualité de votre réseau. Les personnes les plus importantes investissent beaucoup dans la création ou l'intégration de réseaux élitistes. Les aigles ne volent pas avec les pigeons.

Vous êtes plutôt un aigle ou un pigeon ?

Tout le monde connaît l'aigle et tout le monde veut voler avec lui. Utilisez cette image royale pour obtenir de meilleurs résultats.
Il n'est pas nécessaire de chercher la lumière chez les autres. Votre propre lumière réchauffe votre réseau et le remplit de bonté.

Comment fait-on pour créer une communauté à partir de zéro ?

Tout d'abord, nous allons commencer par les bases en créant dans les réseaux sociaux, un profil optimisé qui donnera envie aux gens d'entrer en contact avec vous. Si vous invitez toute la ville à visiter votre appartement et qu'il n'est pas rangé. Vos invités risquent de ne plus jamais mettre les pieds chez vous. C'est le même effet que peut avoir un profil non optimisé.

Rassurez-vous, nous allons ensemble construire une communauté hautement qualifiée.

1. **Optimisez votre profil**

Nous allons commencer par le réseau le plus qualifié : Linkedin.
En effet, c'est pour moi le réseau social le plus puissant.
Vous pouvez entrer en contact avec de futurs partenaires et également créer une communauté de clients potentiels. Bien sûr, vous devrez y apporter de la valeur pour en tirer les bénéfices.

Les 5 critères d'un profil optimisé sur Linkedin sont :

- Un titre qui se démarque
- Une description irrésistible
- Un bannière qui marque
- Un accès direct à votre site internet
- Une prise de contacte facilitée

Pour vous montrer un exemple concret, je vous partage le profil de l'un de mes meilleurs partenaires depuis le lancement du Club Rentabilité : **Loïc Passicos**.

Vous pouvez voir une bannière où le site web est indiqué avec une phrase d'accroche qui vous fait sourire. Cela montre aussi qu'il est bien plus qu'un vidéaste. On peut voir qu'il propose comme prestation de la stratégie, du tournage, du montage et même de la formation.

En faisant ce genre de présentation, cela vous permet tout d'abord de vous démarquer grâce à vos multiples compétences.

Ensuite, son titre décrit plus précisément son rôle : "aider les entreprises à gagner en visibilité grâce à un accompagnement global".

Pour terminer, la petite touche d'humour sur sa passion pour le Golfe indique que c'est une personne sympathique.

Ces éléments lui permettent d'être un vidéaste authentique qui se distingue de la foule des autres vidéastes. Il donne envie aux visiteurs de le contacter.

Sa description est irrésistible car elle met en avant les chiffres et les objectifs. Entre nous, je vous avoue que je m'en suis personnellement inspiré pour ma propre description de mon profil Linkedin.

"La vidéo est trop chère, trop technique et réservée aux grandes entreprises".

Pourtant ...

➡ 82% du trafic internet global sera représenté par la vidéo dès 2021 (CISCO)
➡ 55 % des individus regardent des vidéos + que d'autres types de contenu (HubSpot)
➡ 85% des consommateurs veulent voir plus de contenu vidéos de marques (Hubspot)
➡ 1 site a 53 fois + de chances d'être en 1ère page Google s'il contient une vidéo (Insivia)

AUJOURD'HUI :

✖ La vidéo n'est pas réservée aux GROSSES ENTREPRISES !
✖ La vidéo ce n'est pas JUSTE des publicités à la TV !

Il y a ÉNORMÉMENT d'autres formats :

✅ Présentation de votre entreprise
✅ Capsule pour les réseaux sociaux
✅ Production de témoignage client
✅ Captation d'une soirée d'entreprise

La vidéo ce n'est pas un "truc en plus" c'est un investissement à LONG TERME.

C'est un outil qui répond CONCRÈTEMENT à des objectifs précis :

➡ Développer votre chiffre d'affaire
➡ Soutenir une équipe de commerciaux
➡ Améliorer le référencement de votre site
➡ Présenter vos produits ou services
➡ Valoriser un lieu pour générer des visites
➡ Donnez la parole à vos meilleurs clients

Pourtant, beaucoup d'entreprises font des vidéos sans être accompagnées :

✖ Mais elles oublient l'importance du sous-titrage ...

✖ Elles privilégient la qualité d'image et négligent le son ...

✖ Elles décident de faire des vidéos de plus de 5 minutes ...

Toutes les entreprises ont besoin de vidéo mais manquent d'idées. Quel que soit votre budget, vous avez aujourd'hui le pouvoir de faire des vidéos. Si vous n'avez pas d'idées, contactez-moi je vous en proposerai plus d'une !

Vous avez envie d'intégrer la vidéo à votre stratégie digitale ?

Ça tombe bien, je peux vous aider !

--

Ligne directe -> https://calendly.com/loicpsc/call?month=2021-02
Mon site -> loicpsc.com

En vous concentrant sur une description qui vous distingue de vos concurrents, vous augmentez de 100 % vos chances d'être contacté après une visite de profil. Les éléments qui me donnent envie de contacter une personne après avoir visité son profil sont l'originalité de sa description et son titre. Ensuite, je regarde son site web qui n'est pas toujours mis en avant sur Linkedin.

Heureusement, il existe une option pour mettre en avant votre site ou vos publications.

Vous pouvez ajouter la sélection de contenu sur votre profil. Si vous placez votre site web en première position de votre contenu, il sera plus facile à visiter et augmentera votre référencement. Seulement 2% des entreprises mettent un accès direct à leur site web via leur profil Linkedin. C'est regrettable pour vos concurrents, alors mettez votre site Web en avant. Vous pouvez en être fier.

Une chose que je déteste le plus, ce sont les profils où il est presque mission impossible de trouver un email ou un numéro de téléphone. En ne laissant pas vos informations partout sur vos réseaux, vous perdez bêtement des opportunités.

Ps : Enrichissez vos références avec l'onglet expérience en ajoutant votre site web et votre numéro.

Si vous parvenez à construire une communauté de 1000 personnes mais qu'elles ne peuvent pas accéder à votre site web ou à votre numéro de téléphone. Vous perdez de l'argent de la manière la plus simple qui soit.
Vous n'avez pas acheté un cours sur les réseaux sociaux mais il est vraiment important de savoir comment utiliser la puissance de votre profil Linkedin. Si votre profil n'est pas sexy, vous ne deviendrez pas **TOP NETWORKER**.

Donnez accès à votre site internet ou à un groupe Facebook directement avec votre profil.

Il s'agit du profil Facebook d'un partenaire qui a déménagé à Bali. Sylvain n'est pas seulement un expert en closing, il gère aussi parfaitement bien son groupe Facebook.

Son profil nous donne 2 informations très importantes :

- Il aide les femmes à devenir des closeuses.
- Nous avons un accès direct à son site web, ce qui augmente les chances de contacts. En plus de cela, nous pouvons rejoindre son groupe Facebook avec sa photo de couverture.

Je profite de cette occasion pour vous expliquer **la puissance des GROUPES FACEBOOK.**

Pour illustrer l'intérêt que vous avez à créer un groupe Facebook, je vais vous raconter l'histoire de Quentin, jeune fondateur d'une start-up à Bordeaux.
Seulement 5% des start-ups existent après 3 ans d'existence, c'est pourquoi il utilise la stratégie des groupes pour trouver de futurs clients en attendant son grand lancement.

Sa start-up a pour but d'aider les propriétaires à gérer leurs biens plus facilement. Il a donc créé un groupe facebook qui répond aux problèmes de la gestion locative.

Immobilier Gestion Locative

Groupe Privé · 12,2 K membres

Il compte actuellement plus de 12 000 membres à qui il fournit un contenu à forte valeur ajoutée.

Pour développer votre groupe facebook, vous devrez ajouter régulièrement des amis. Ciblez les personnes susceptibles d'avoir un réel intérêt pour l'objet de votre groupe. Inviter toute votre famille à votre groupe n'est pas une bonne stratégie. L'astuce pour trouver des profils qualifiés sur Facebook consiste à rejoindre les principaux groupes de votre niche et à ajouter des membres qui vivent dans votre ville. Si vous avez une portée nationale, devenez ami avec les membres du groupe, même s'ils ne vivent pas dans la même région que vous. Vous avez une limite de 5000 amis sur Facebook, il vous faudra plus d'un an pour l'atteindre.

Une fois que vous commencez à avoir vos premiers membres dans votre groupe, les choses peuvent commencer à devenir sérieuses. Pour simplifier vos actions et optimiser votre temps, voici les 3 éléments à partager pour faire vivre votre groupe.

1. **Les sondages ont la côte**

Les sondages vous permettent de définir clairement les besoins de votre groupe et c'est amusant à faire. Par exemple, dans mon premier livre, Le guide ultime des villes où investir, j'ai analysé les villes que le groupe voulait connaître en premier.

Faire du contenu qui n'intéresse pas votre communauté n'est pas pertinent du tout.

Ils peuvent également être utilisés sous forme de quiz sur des questions que tout le monde se pose. En partageant la réponse quelques jours plus tard, vous vous positionnez comme un expert du sujet. D'où l'intérêt de poser des quiz pas si faciles.

C'est aussi l'occasion d'échanger avec les personnes qui répondent régulièrement à vos enquêtes.

2. Un article ou une vidéo en direct qui répond à une problématique

Plus vous apportez de valeur à votre communauté, plus votre expertise est reconnue. Mon premier livre est né de la rédaction d'articles de blog. Votre public recherche un contenu de qualité qu'il ne trouve pas habituellement. Le meilleur contenu est partagé dans votre groupe.
Si vous n'aimez pas écrire, envisagez de faire des coups de gueule thématiques ou des interviews, si c'est plus facile pour vous.

3. Une réussite qui donne envie

Vous devez inspirer le succès en partageant vos réussites et celles de vos clients.
L'idée est de créer le facteur "wow" pour votre public ou de vous concentrer sur les résultats. Si vous travaillez dans la rénovation ou la décoration, partagez un projet dont vous êtes fier. Si vos services ne peuvent pas être partagés sous la forme d'une photo, alors partagez les résultats d'un de vos clients sur une question spécifique.

Potentiellement, toutes les personnes qui rejoignent votre groupe peuvent devenir des clients ou des partenaires commerciaux, alors chouchoutez-les avec du contenu. N'hésitez pas à partager du contenu qui n'est pas le vôtre comme des vidéos Youtube.
Je partage régulièrement des vidéos de mes membres pour promouvoir nos entreprises.

Avoir le profil d'un influenceur sur Instagram

Je ne suis pas un grand fan d'instagram pourtant c'est un super outil pour entrer en relation avec des influenceurs partout en France.

Voici le profil Insta de mon expert-comptable.

Il est très qualifié pour les raisons suivantes :

- Elle est une experte qui investit, ce que recherchent les investisseurs.
- Elle aide à la fois les entrepreneurs et les investisseurs
- Elle propose des formations gratuites. Vous pouvez y accéder via Linkedin.

Découvrez son Lifestyle, ses conseils, ses interviews et ses formations grâce aux publications de la première page.

Ses posts sont diversifiés avec des citations inspirantes, des lives ou encore un

Pour que vos posts aient plus de portée, je vous conseille d'utiliser les # qui sont les plus demandés dans les commentaires. Personnellement, je mets sur une note de mon téléphone le meilleur # pour ne pas perdre de temps et je fais un copier-coller.

Il y a moins de 6 mois, je ne percevais pas pleinement le potentiel de ce réseau qui n'était pas assez qualifié pour moi. Heureusement, une fonctionnalité est arrivée depuis septembre 2021 : **mettre un lien dans les stories.**

Avant, seuls les comptes ayant plus de 10 000 followers pouvaient promouvoir des marques ou leur site internet avec la fonctionnalité swipe up. Désormais, vous pouvez promouvoir un site web et un article de blog via cette option. Si vous ne voyez pas de lien dans les options, je vous invite à mettre à jour l'application instagram.

Ainsi, je partage mes articles de blog via instagram en utilisant mon lien. L'option fonctionne également pour promouvoir vos vidéos Youtube. A titre d'exemple, j'ai écrit l'article "Comment j'ai créé un coliving de 14 pièces à Angoulême ?" pour un client. Nous l'avons partagé sur nos profils Facebook, groupes facebook, linkedin et sur Instagram avec un lien vers l'article et un autre vers la vidéo youtube du projet.
L'effet cumulé de ces partages sur les différents réseaux sociaux a permis à l'article de compter 2000 lecteurs et 400 vues Youtube en l'espace de 2 jours.

L'autre levier de networking sur instagram est de se connecter avec d'autres influenceurs. Je n'utilise pas Instagram pour trouver des clients mais pour échanger et créer des partenariats avec des personnes qui ont plus d'influence que moi.

En effet, j'organise le plus grand rassemblement d'investisseurs les 24 et 25 septembre 2022 au stade MATMUT Atlantique à Bordeaux. Mon objectif est d'atteindre 10 000 participants alors que ma première édition en 2019 n'en comptait que 600.

Il faut alors avoir un concept ultra sexy mais surtout avoir un pouvoir d'influence qui dépasse actuellement mes capacités. C'est pourquoi il me fallait une stratégie efficace pour atteindre cet objectif.

Je vous explique le concept du salon. Il sera composé de 100 exposants et 100 intervenants pour en faire un événement national. Le premier problème auquel j'ai dû faire face a été de prospecter les exposants. N'étant pas un vendeur dans l'âme, j'avais déjà peur...

Ensuite, il fallait trouver les influenceurs, ce qui n'est pas une mince affaire.
Où les trouver ? Comment les convaincre de participer au projet ? Comment les motiver à promouvoir mon événement ?

Sans l'expertise des orateurs et la puissance de leur réseau, l'événement est voué à l'échec. J'ai donc pris mon courage à deux mains et utilisé mon instagram personnel pour ajouter la majorité des influenceurs immobiliers que je connaissais. Puis, je me suis abonnée à leurs contacts pour en découvrir encore plus que je ne connaissais pas.

En 2 jours, j'étais abonnée à 400 comptes au lieu de 200 ! Ils étaient ultra qualifiés car ils correspondaient à mes critères.
Des influenceurs dans le domaine de l'immobilier, de l'entrepreneuriat et de la mentalité. Ils ont tous un public qui a l'habitude de participer à ce type d'événements. Il faut donc leur faire une offre qu'ils ne peuvent pas refuser.

L'avantage d'Instagram est que vous pouvez plus facilement entrer en contact avec leurs personnalités soit en leur envoyant un message privé, soit en obtenant leur email.

En vous abonnant et en les contactant, vous pouvez mettre en place des partenariats, faire des interviews avec eux et même vendre vos services.

Un autre exemple du pouvoir des stories instagram pour construire une communauté qualifiée. Vous pouvez partager vos succès et vos astuces tous les jours à travers les stories sans perturber votre communauté. Une fois que votre stratégie d'ajouts ciblés aura décollé, vous gagnerez de nouveaux followers à qui apporter du contenu de qualité.

Grâce à ma stratégie d'ajout d'influenceur de niche, j'ai pu convaincre un influenceur immobilier de 10 000 followers de prendre la parole au Salon de l'investissement immobilier.
En suivant mes stories par la suite, il a découvert que j'avais accompagné une de ses connaissances dans un lancement de livre.

Il a réagi à l'une de mes stories en me demandant combien coûtait mon service. Je lui ai expliqué sans forcément vouloir lui vendre le service, sachant que mon focus pour l'année 2022 était l'organisation de mon salon. Il a aimé mon approche et mon offre et du coup, il est devenu un client. On part de l'ajout d'un influenceur pour intervenir sur un de mes événements et la force des choses transforme ce même influenceur en client.

Plus votre communauté est qualifiée, plus les opportunités se présentent à vous !

2) La stratégie pour vous créer la communauté la plus qualifiée

Maintenant que tous vos profils sont irrésistibles, vous devez le faire savoir au grand public. L'erreur que commettent de nombreux entrepreneurs ou vendeurs est qu'ils se concentrent avant tout sur la recherche de clients. Ils oublient souvent le pouvoir des réseaux de partenaires !
Ce que je veux dire par là, c'est que dans vos différents réseaux, vous devez avoir à la fois une communauté de clients potentiels et des professionnels qui ont le même type de clients mais qui ne sont pas des concurrents.

Prenons l'exemple d'un jeune qui vient de terminer ses études en gestion de patrimoine, il doit trouver des clients qui peuvent avoir besoin de ses services.

Qui sont ses clients potentiels ?

Voici une petite liste des métiers qui font souvent appel à un gestionnaire de patrimoine pour développer le leurs :

- Agent de maîtrise
- Cadre
- Cadre supérieur
- Directeur
- Directeur général
- Dirigeant
- Fondateur
- Gérant
- Président
- Professions médicales
- Responsable
- Vice président

Qui sont ses partenaires d'affaires potentiels ?

- Agent immobilier
- Architecte
- Architecte d'intérieur
- Avocat
- Chasseur de biens
- Constructeur de maisons
- Conciergerie
- Courtier en travaux
- Expert-comptable
- Huissier
- Marchands de biens
- Notaires

Vous avez actuellement 24 métiers à faire rentrer dans votre réseau de relations !
L'outil le plus efficace pour qu'il entre dans votre réseau est Linkedin.
Pour les faire rentrer, c'est très simple. Cela prend seulement 5 minutes par jour quand vous prenez votre café par exemple. Je vous invite à faire le test de suite après avoir optimisé votre profil Linkedin bien sûr.

Prenons le métier de Responsable.

Mettez responsable dans la barre de recherche.
Sélectionnez une personne du 2ième et du 3ième degré dans votre ville.

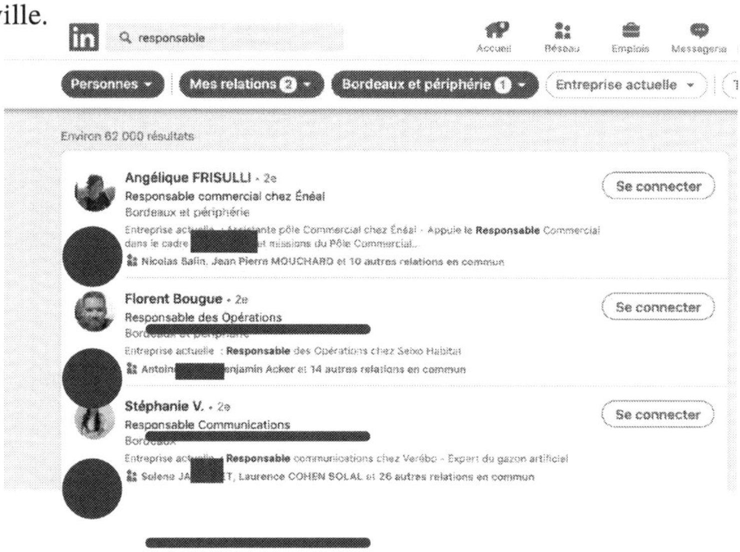

On peut voir que 62 000 personnes correspondent à mes critères de recherche. Depuis mon téléphone, j'ajoute le nombre maximum de profils qui correspondent à ma recherche.
Actuellement, vous êtes limité à 100 invitations par semaine.
Vous pouvez éviter cette limitation en supprimant vos invitations sans réponse après 3 jours sans réponse. L'intérêt d'ajouter ces profils est qu'ils peuvent alors voir ce que vous apportez comme conseils à forte valeur ajoutée qui peuvent les intéresser. Je vous invite à varier les invitations auprès de clients et partenaires potentiels.

La stratégie vous permet de développer votre communauté de manière ciblée sans perdre beaucoup de temps. Vous pouvez le faire dans les transports en commun ou même dans les toilettes.
C'est juste une habitude à prendre qui vous permet d'être visible dans toute votre ville, gratuitement.

Vous n'avez pas besoin de vous inscrire à un compte premium pour faire cette routine. En apportant du bon contenu, vous recevrez des messages de prospects et de partenaires.

C'est aussi un moyen de vous connecter avec eux de la manière la plus efficace possible.

Plan d'action pour se créer une communauté qualifiée

LINKEDIN :

1. Listez sur une feuille de papier les métiers qui peuvent vous recommander
2. Listez les métiers de vos clients
3. Prenez 5 minutes par jour pour les ajouter depuis votre téléphone.
4. Partagez du contenu à forte valeur ajoutée pendant 2 semaines
5. Entrez en contact avec vos futurs clients et partenaires

Pour résumer, faites des ajouts qualifiés pour leur apporter du contenu qui répond à leurs problématiques afin de vous positionner en tant qu'expert. Puis contactez-les de la manière la plus subtile possible. Dans les prochains chapitres, j'expliquerai en détail ma stratégie pour obtenir des rendez-vous ou diffuser votre expertise sans vous positionner comme un requin.

FACEBOOK :

1. Rejoignez des groupes dans votre créneau, au moins 10
2. Ajoutez des membres vivant dans votre ville ou votre région
3. Étudiez ce qui fait fonctionner le groupe
4. Créez votre propre groupe et invitez vos amis Facebook à vous rejoindre.
5. Partagez 3 éléments de contenu par semaine qui incitent les gens à interagir.

L'idée est de construire une communauté de 5000 personnes au bout d'un an qui suivent vos posts et vos histoires. Votre futur groupe devra apporter beaucoup de valeur pour transformer ses membres en futurs clients.

INSTAGRAM

1. Optimisez votre profil en y ajoutant les points forts et un lien vers votre site.
2. Ajoutez les comptes des influenceurs dans votre niche.
3. Aimez et commentez leurs publications
4. Distribuez du contenu qui apporte de la valeur à votre communauté
5. Connectez-vous avec les influenceurs pour mettre en place des partenariats

Présentez votre entreprise sous un angle différent en mettant en avant l'homme ou la femme derrière votre entreprise. Prouvez à vos followers que vous êtes là pour les faire gagner. Connectez-vous avec des influenceurs que vous n'auriez jamais pensé pouvoir atteindre.

YOUTUBE

1. Créer un canal
2. Télécharger l'extension : Vidiq
3. Répertoriez les thèmes les plus recherchés
4. Réalisez 12 vidéos thématiques en une journée
5. Optimiser votre vidéo pour augmenter votre visibilité

Youtube est le dernier outil que j'ai utilisé pour créer une communauté qualifiée. L'intérêt est qu'il vous permet d'augmenter votre référencement auprès de personnes qui visionnent vos vidéos depuis toute la France. De plus, vous répondez à une problématique qui les touche directement. Une bonne description associée à un bon référencement les incitera à vous contacter.

Une fois que vos vidéos génèrent du trafic, elles génèrent automatiquement des clients pour les 5 prochaines années.

CHAPITRE 3 :
Formez un réseau de 40 partenaires qui vous recommandent tous les mois

Nous avons souvent tendance à être obsédés par la recherche de clients. Le vrai succès, c'est quand les clients vous cherchent. Avant de pouvoir être la personne la plus recherchée dans votre niche, vous devez créer un réseau de 40 partenaires.

Si vous transformez de simples apporteurs d'affaires en partenaires commerciaux, ils ne vous apporteront pas 1 affaire par an mais 10 par an.

Au fait, pourquoi 40 partenaires ? Tout simplement parce qu'il vous faut idéalement un nouveau partenaire par semaine, ce qui vous laisse 12 semaines de vacances au lieu de 5 grâce à vos partenaires. Il est tout à fait possible de rencontrer un nouveau partenaire par semaine sans se mettre la pression.

Dans le monde des affaires, nous travaillons le plus souvent avec un réseau de référents. Malheureusement, vous êtes dépendant de vos référents et vous n'avez pas la même relation qu'avec un partenaire commercial.

Vous connaissez l'anniversaire de votre partenaire, le nombre d'enfants qu'il a, ou ses passions. Vous les récompensez en leur offrant plus qu'un simple apport commercial, vous êtes une équipe qui avance ensemble vers le succès.

Il faut absolument que je vous raconte comment j'ai lancé mon club d'affaires immobilières. Finalement, je me rends compte que mon club est un véritable réseau de partenaires.

Pour vous dire la vérité, j'ai créé mon premier réseau de partenaires commerciaux dans le sous-sol d'un espace de coworking. Oui, ce n'était pas l'endroit idéal pour créer un club d'affaires haut de gamme. Disons simplement que je devais commencer quelque part...

Je voulais créer un club immobilier composé de tous les acteurs du secteur de l'immobilier car ils pouvaient plus facilement s'apporter mutuellement des affaires puisqu'ils avaient le même type de clients.

J'ai donc fixé une date et un lieu et j'ai expliqué à mon réseau immobilier que je voulais leur offrir une opportunité de développer leur business.

Rétrospectivement, je n'étais pas tout à fait prêt à présenter mon concept. N'ayant pas forcément les compétences ni l'aisance pour parler en public, j'ai craqué pour ma première présentation de mon projet de club.

10 professionnels de l'immobilier étaient réunis sous la forme d'un brunch pour écouter ma proposition. Heureusement, j'avais un logo pour présenter mon club qui ne m'avait coûté que 69 euros. Agent immobilier, architecte d'intérieur, comptable étaient présents pour découvrir un nouveau format pour développer leurs chiffres d'affaires.

Pour résumer, j'ai simplement expliqué que nous avons le même type de clients et que nous ne sommes pas concurrents donc autant travailler ensemble. Il existe une multitude de réseaux mais aucun qui rassemble les professionnels de l'immobilier au sens large du terme et qui vous permet de rencontrer des clients potentiels lors de différents événements.

Le concept permet de réunir les meilleurs professionnels de l'immobilier et les investisseurs immobiliers dans un cadre convivial propice aux conseils et aux affaires. Mon idée était de réunir une équipe de professionnels qui pourraient travailler ensemble et accompagner les investisseurs immobiliers plus facilement et avec un meilleur suivi.

Suite à cette présentation, qui ne m'a pas du tout satisfait, voici les retours des participants. Ils serviront à vous renforcer et à vous éviter des erreurs de casting. Tout de suite après ma présentation, un architecte d'intérieur a voulu signer immédiatement. Méfiez-vous des personnes qui veulent signer trop rapidement pour vous rejoindre. Cela cache toujours quelque chose. En effet, j'ai su trop tard ce qui se cachait derrière cette volonté de signer au plus vite.

Tout d'abord, si vous proposez des prix trop bas par rapport aux services que vous fournissez ou à l'image du réseau que vous construisez, alors vous allez attirer les pires clients ou les pires entreprises. J'étais pressé de signer la première entreprise de mon club et je n'ai pas été assez attentif aux références de cette entreprise. Quelques mois plus tard, j'ai confié à cette société le soin de créer une nouvelle atmosphère de décoration dans le restaurant d'un ami. Bien que je ne sois pas un expert en décoration, le restaurateur et moi-même avons été surpris par la qualité de la prestation au-delà du fait qu'il s'agissait d'une copie conforme de l'ambiance d'un autre restaurant de Bordeaux.

Suite à cette déception, le restaurateur a exigé le remboursement de la prestation. Afin de rembourser la cliente mécontente, la société en question a exigé à son tour le remboursement de son adhésion au club. Nous parlons d'un montant de 360€ ttc.

Imaginez vous demandez à une personne de vous rembourser parce que vous avez manqué un votre prestation et que vous n'assumez pas vos erreurs. Si je vous raconte cette anecdote, c'est parce que vous devez faire attention à qui vous laissez entrer dans votre réseau. **Entourez-vous des meilleurs si vous voulez en devenir un**.

Deuxième retour négatif, un gestionnaire de patrimoine a refusé de me suivre dans ce projet de club d'affaires immobilier. Au début, j'étais déçu de sa réaction car je pensais que mon concept était presque parfait. En réalité, il avait tout à fait raison, il ne croyait pas au concept parce qu'il pensait que c'était bon marché. Comment le lui reprocher, ma première réunion s'est déroulée dans un sous-sol...

C'est pourquoi j'ai essayé de monter en gamme pour me prouver que je pouvais faire quelque chose de plus grand. Mes services et mes tarifs ont donc augmenté au fil du temps. C'est grâce à cette leçon que je ne propose plus que des prestations haut de gamme !
L'idée de faire le salon immobilier dans un stade avec un droit d'entrée est venue de là.

Si jamais on vous refuse l'entrée d'un réseau ou si on vous refuse d'accéder au vôtre, je vous conseille de créer une meilleure offre ou réalisez le casse du siècle avec un concept haut de gamme.

Troisième retour, la vie est une accumulation d'échecs qui ne demandent qu'à être transformés en réussites. Ma première cliente était une expert-comptable, elle était l'une des seules à croire au projet et en moi. Depuis, elle gère des clients dans toute la France et est reconnue comme la numéro un de la fiscalité immobilière à Bordeaux. Je ne dis pas que c'est grâce à moi qu'elle est devenue la référence mais uniquement à l'initiative de développer son réseau de partenaires.

En s'entourant d'un réseau de partenaires, ils parleront de vous tous les mois à leurs clients car vous êtes le meilleur.

Si l'on prend l'exemple de cette experte comptable, elle a un réseau de partenaires qui lui apporte des clients tous les mois. Un avocat d'affaires lui confie les projets LMNP de ses clients, une agence spécialisée dans la gestion locative lui apporte régulièrement des clients ou un chasseur immobilier lui apporte un nouveau client à chaque nouvelle transaction.

Imaginez qu'elle dispose d'un réseau de partenaires commerciaux qui lui apportent une affaire par mois pendant un an. Cela représente 480 nouveaux clients pour un panier moyen de 500 euros, soit 240 000 euros de chiffre d'affaires grâce à ses partenaires.

La stratégie partenaires pour vous apporter 240 000 euros de chiffre d'affaires

Pour trouver les meilleurs partenaires du marché, les moyens les plus efficaces pour entrer en contact avec vos futurs partenaires sont Linkedin et via les sites internet de vos cibles.

Une fois que vous avez votre liste de professions avec lesquelles vous pouvez faire des partenariats. Vous devez préparer un message d'introduction. Voici le message que j'envoie pour entrer en contact avec de futurs partenaires ou clients :

Objet du mail : Rencontrer des personnes qui souhaitent investir dans un coliving.

Bonjour,

Je vous contacte car je souhaiterais savoir si votre société accompagne des investisseurs dans leurs projets de création ou de gestion de coliving.
De mon côté, j'organise le plus grand salon de l'investissement immobilier en France au stade Matmut à Bordeaux. Nous attendons 10 000 personnes pour l'occasion, les 24 et 25 septembre 2022.
Nous aidons les acteurs de Coliving à rencontrer une clientèle qualifiée qui recherche ce type d'investissement.

Seriez-vous disponible pour un échange de 15 minutes en début de semaine pour en discuter ?

Nous nous réjouissons de pouvoir échanger avec vous.

Ebobisé Épée Thibault
Fondateur du Club Rentabilité

Étape 1 : Un objet qui se démarque

Si vous n'arrivez pas à obtenir le contact linkedin de vos futurs partenaires alors n'hésitez pas à envoyer un email avec un objet qui se démarque.
Exemples d'objet qui fonctionnent :

- Rencontrer 10.000 personnes qui veulent optimiser leurs impôts
- Rencontrer des personnes qui cherchent un bien immobilier
- Rencontrer des particuliers qui cherchent à financer un projet immobilier
- Rencontrer des particuliers qui veulent faire un investissement locatif
- Rencontrer des investisseurs immobiliers

Essayez 3 objets d'email différents par type de professionnel que vous cherchez à rencontrer. De cette façon, vous pourrez voir quel objet fonctionne le mieux.

Étape 2 : L'accroche

Montrez clairement que vous partagez les mêmes clients grâce à une phrase d'accroche. Avoir une phrase d'accroche augmente votre intérêt aux yeux de vos futurs partenaires.
Cette phrase d'accroche peut être adaptée à toutes les professions. Voici quelques exemples :

- Je vous contacte car j'aimerais savoir si votre entreprise accompagne les investisseurs dans leurs projets de rénovation.

- Je vous contacte parce que j'aimerais savoir si votre entreprise a l'habitude de présenter ses modèles lors d'événements haut de gamme.

- Je vous contacte parce que j'aimerais savoir si votre société accompagne des cadres ou des chefs d'entreprise qui cherchent à investir dans l'immobilier dans le but de réduire leurs impôts.

Étape 3 : Vous rendre attractif

Ensuite, vous devez montrer que vous êtes quelqu'un qui peut apporter quelque chose à votre interlocuteur. Votre valeur ajoutée doit être perceptible par la personne qui lira votre message.

Exemple :
"*Pour ma part, j'organise le plus grand salon de l'investissement immobilier en France au stade Matmut à Bordeaux. Nous attendons 10 000 personnes les 24 et 25 septembre 2022*".

Dans ce passage, les éléments " le plus grand ", " en France ", " au stade ", et le chiffre 10 000 sont précisés. L'ensemble combiné fait appel à l'opportunité que peut apporter ce type d'événement.

Personnellement, lorsque je reçois ce type de message, je suis admiratif devant l'ambition du projet. Je me dis que j'ai envie de faire partie de cette aventure en tant que participant ou exposant !
Bien sûr, je me demande quel est le prix de cette ambition.
La curiosité s'empare de moi mais ce message est propice à la réponse. Celle-ci n'est pas tout, il faut pouvoir apporter du concret pour avoir une réponse.

Étape 4 : Qu'allez-vous faire gagner à votre interlocuteur ?

"*Nous aidons les joueurs de Coliving à rencontrer des clients qualifiés qui recherchent ce type d'investissement.*"

Avec cette phrase, vous indiquez clairement que vous pouvez leur apporter des clients. Offrir la possibilité de gagner de l'argent à votre contact lui donne vraiment envie de vous rencontrer.
La clé pour obtenir un rendez-vous est d'expliquer subtilement que vous allez gagner de l'argent. Pourquoi perdre votre temps avec quelqu'un qui ne vous rapportera rien ? Combien de temps perdons-nous en rendez-vous inutiles ? Trop malheureusement, optimisez votre temps ainsi que celui de vos futurs partenaires commerciaux.

Étape 5 : Proposition de rendez-vous

“Seriez-vous disponible pour un échange de 15 minutes en début de semaine pour en discuter ?”

Je n'ai jamais aimé demander des rendez-vous avant de connaître cette méthodologie. En effet, je n'aime pas demander des rendez-vous et j'étais timide. Pendant au moins 6 mois, j'ai eu un blocage pour trouver de nouveaux partenaires. Heureusement, la stratégie que j'appelle FAIRE GAGNER, me procure un réel plaisir.

Envoyer un message pour obtenir un rendez-vous peut être perçu à première vue comme de la prospection. En fait, vous envoyez des messages pour trouver des clients et cela se voit lorsque vous les lisez. Vous devez recevoir de nombreux messages de prospection sur Linkedin qui ne vous donnent pas vraiment envie d'y répondre.
Pas besoin de vous donner des exemples, vous en avez plein dans votre boîte mail.

Je me dis que j'envoie un message qui peut vraiment rapporter de l'argent aux destinataires. En mettant en place un partenariat, c'est gagnant-gagnant !

Au final, j'applique la méthode FAIRE GAGNER, tous les jours.
1 heure par jour suffit. Les résultats sont étonnants... En 1 heure, vous envoyez en moyenne 30 messages, soit 900 messages par mois. J'obtiens en moyenne 6 rendez-vous sur 30 messages, soit un taux de rendez-vous de 20%. En seulement une heure par jour.

- **Motiver vos partenaires**

Une fois que vous avez des partenaires, vous devez les encourager à vous recommander. Sinon, si vous avez de la chance, ils vous recommandent une fois tous les 36 mois. C'est malheureusement le cas si vous les considérez comme de simples apporteurs d'affaires. Il est essentiel de connaître les sources de motivation de vos partenaires pour en faire vos meilleurs alliés de développement.

Commencez par créer un fichier excel sur google drive. Nommez le PARTENAIRE.

Notez les éléments suivants :

- prénom et nom
- métier
- nom de l'entreprise
- clients types
- offre de service
- anniversaire
- nombre d'enfants
- passions
- comment les recommander
- nombre de reco données
- recommandation reçue
- montant du chiffre d'affaires généré
- offre commune

Une fois que vous avez ce tableau, vous savez exactement comment motiver vos prospects. En connaissant parfaitement les activités et les services de vos partenaires, vous pouvez les approcher plus facilement. Envoyer un joyeux anniversaire accompagné d'un petit cadeau et un appel pendant les vacances renforce vraiment le lien. Connaître les passions de vos partenaires vous donnera des idées de sorties de groupe à faire. Par exemple, si trois de vos partenaires aiment jouer au sport de raquette, proposez une partie de squash. Cette rencontre sportive peut même devenir hebdomadaire.
Le pouvoir du squash pour stimuler les affaires est inimaginable.

Plus vous pouvez offrir, plus vous deviendrez un aimant d'opportunités pour votre communauté.

Votre priorité en tant que partenaire est d'apporter le plus de business possible à tous ceux qui sont vos partenaires d'affaires. Tout d'abord, cela vous rend presque indispensable, puis ils se diront : "Je vais le recommander le plus souvent possible".

C'est pourquoi il est important de suivre où vous en êtes à la fin de l'année dans votre relation. S'agit-il d'une relation à sens unique ? Avez-vous atteint de grands objectifs ensemble ?

Si les résultats sont satisfaisants, prenez l'habitude d'inviter vos partenaires dans les meilleurs restaurants, ce qui vous permettra de connaître leurs goûts et leurs restaurants favoris. En faisant cela, vous montrez votre appréciation et rassurez vos partenaires sur la sincérité de votre relation. Bien sûr, vous faites des affaires, mais vous construisez une véritable relation de confiance.

Je vous mets au défi de me nommer le restaurant préféré de vos partenaires actuels.

- ## Fidéliser

Pour fidéliser vos partenaires, 2 éléments sont essentiels :
les résultats et la reconnaissance.

C'est pourquoi il est important de suivre tous les éléments de votre relation d'affaires. Pour devenir le réseauteur ultime, vous devez faire gagner votre partenaire. Imaginons que sur l'année, vous lui ayez apporté 6 affaires avec un panier moyen de 5000 euros.
Ce sont 30 000 euros que vous lui faites gagner, soit 2500 euros par mois. Comment récompenser quelqu'un qui vous fait gagner 2500 euros par mois ?

Personnellement, j'essaierai de lui faire gagner la même somme, voire plus. Il faut le voir comme un plaisir à apporter à son entourage et en même temps un défi.

Pour aller jusqu'au bout de cet esprit de défi bienveillant, vous pouvez vous fixer un vrai challenge avec une récompense en fin d'année. Fixez un objectif SMART pour un objectif facilement atteignable. N'oubliez pas de mettre en jeu une récompense avec votre partenaire en question.

Pourquoi ne pas faire un voyage aux **Maldives, à Bali ou à Zanzibar** ensemble si vous atteignez tous les deux 30 000 euros de ventes générées par votre partenariat. Ce voyage est une source parfaite de motivation et de fidélisation. De plus, il vous permet de changer réellement votre vie d'entrepreneur ou de vendeur. Vos relations sont encore plus fortes après un voyage.

Après cette première lune de miel commerciale, l'étape suivante consiste à se fixer un objectif plus important avec de meilleures récompenses. Les hommes ne mentent pas aux chiffres et une relation qui dure est une relation où les deux partenaires sont gagnants. Il est donc recommandé d'organiser un dîner de fin d'année pour améliorer encore les résultats ou analyser d'autres stratégies pour améliorer le partenariat.

À chaque recommandation de vos partenaires, faites un geste pour les remercier. Il peut s'agir d'une boîte de chocolats, de billets d'avion pour Marrakech ou de billets pour le SPA du Grand Hôtel. Surprenez-les au maximum !

- **Promouvoir**

Ne cherchez pas le soleil, soyez le soleil !

Il est ridicule d'essayer d'être dans la lumière car celle-ci s'éteint un jour ou l'autre. Vous gaspillez beaucoup d'énergie à vouloir briller, autant d'énergie qui vous aurez permis d'aider les autres à gagner.
Je vais vous raconter une anecdote sur les effets néfastes de ce désir de briller. Prenons l'exemple d'un exposant de mon premier salon de l'investissement immobilier qui a vu mes difficultés à organiser ce projet pharaonique. Certains exposants m'ayant déjà abandonné en cours de route, cette personne m'a fait une proposition que j'ai considérée comme un chantage.

La proposition était la suivante : Je veux faire partie de l'organisation avec le choix des intervenants ou je quitte le salon de l'investissement immobilier. A ce moment-là, j'avais absolument besoin de l'équilibre de cet exposant pour mener à bien mon salon. J'ai donc fini par accepter cette proposition un peu forcée.
Il s'est avéré que le but de cette proposition était de profiter de la lumière du salon pour gagner en visibilité afin de gagner les élections municipales de 2020.

Je vous rassure, mon premier salon de l'investissement s'est très bien passé avec 600 participants, 25 exposants et 10 intervenants.
Pour tout le monde, cette édition a été un succès.

Mon but était de satisfaire à la fois les exposants et les participants ! Certains exposants ont réalisé plus de 100 000 euros de chiffre d'affaires avec le salon. Quant à eux, 80% des participants sont restés plus de 4 heures sur le salon. Nous ne l'avons pas traversé, nous l'avons apprécié.

Malheureusement, le fait de déléguer l'organisation des conférences à mon maître chanteur a eu deux effets. Le public n'a pas apprécié les interventions des personnes sélectionnées sauf pour les conférences investisseurs. De plus, la lumière du salon n'a pas permis l'élection aux municipales des personnes voulant profiter de l'exposition du salon.

Cette anecdote montre deux choses : que la lumière peut faire brûler des ailes et que ceux qui apportent la lumière aux autres restent dans les affaires.

Faîtes rayonner vos partenaires !

Plus vous les mettez en valeur, plus leur communauté vous appréciera. Mettre en avant vos partenaires est très simple.
Vous pouvez écrire un article à leur sujet en mettant en avant les valeurs, les services et les avantages de faire appel à votre partenaire.

Choisissez un article thématique qui répond à un problème que vous pouvez résoudre avec votre partenaire.
Ensuite, vous pouvez tirer parti de leur expertise en la partageant avec votre réseau au moyen d'une vidéo Youtube. Les interviews d'experts sont vraiment appréciées par le public. Elles contribuent à améliorer votre classement sur Google. J'ai réalisé plusieurs interviews d'experts qui ont été contactés par la suite.

Ainsi, cette mise en avant vous permet de générer du business pour vos partenaires. En effet, vous êtes le grand gagnant de cette mise en avant car vous proposez un contenu à forte valeur ajoutée tout en ayant une image de personne bienveillante.

Vous pouvez proposer à votre partenaire de l'ajouter sur votre site internet avec un lien de redirection. Vous pouvez sensibiliser avec un call to action comme -5% avec votre code partenaire par exemple.
Tout le monde apprécie d'être mis en avant, ce qui se caractérise par la reconnaissance. Mettez en avant 100 personnes, et vous avez 100 personnes qui veulent vous valoriser et vous recommander.

Plan d'action pour créer un réseau de 40 partenaires

#1 La liste des 40 professions qui peuvent vous recommander

- Quels sont les professionnels qui ont le même type de clients que vous ?
- Quelles sont les professions qui vous recommandent le plus ?
- Dans quelles entreprises vos clients cibles se rendent-ils pour leurs loisirs ?

#2 Préparez votre message d'entrée en relation

- Quels sont les messages que vous rêvez de recevoir ?
- Comment allez-vous permettre à la personne qui lira votre message d'augmenter son chiffre d'affaire ?
- Comment allez-vous vous distinguer de la foule ?

#3 Anticipez le rendez-vous d'affaires

- Quels sont les services proposés par l'entreprise ?
- Quel est le profil du client idéal de votre futur partenaire ?
- Que voudrait faire l'entreprise que vous rencontrez pour gagner plus de clients ?

#4 Proposer un partenariat gagnant-gagnant

Nous verrons dans le prochain chapitre comment mettre en place un partenariat avec un rendez-vous découverte et créer une offre de partenariat.

#5 Organiser votre réseau de partenaires

- Quelles sont les passions de vos partenaires ?
- Où aimeraient-ils voyager ?
- Combien de références le partenariat a-t-il généré ?

#6 Motivez votre réseau

- Souhaitez les anniversaires de vos partenaires.
- Proposez des activités de groupe.
- Mettez en place des challenges.

#7 Fidéliser vos partenaires

- Remerciez vos partenaires : en les recommandant
- Récompensez-les : avec de l'apport d'affaires et des attentions
- Surprenez les : en faisant de nombreuses recommandations

#8 Faîtes les comptes de vos partenariats

- Organisez un repas pour faire le bilan du partenariat
- Partagez les résultats pour motiver votre réseau
- Arbitrez les partenariats pour ne garder que les gagnants-gagnants

La chose à absolument faire

- Mettre en place un partenariat par semaine en réalisant au maximum 4 rendez-vous partenaires par semaine !

La chose à absolument retenir

- 1h de recherche de partenaires peut générer 6 rendez-vous

La **technique pour décrocher des rendez-vous :**

- allez sur Google et tapez la profession + la ville de recherche.
- ensuite ouvrez dans des onglets les sites internet des

10 premières pages de recherche.

- envoyez votre message par mail ou par formulaire de contact.

CHAPITRE 4
Mettez en place des partenariats rentables :
apprenez à faire des deals gagnant-gagnant
pour générer du récurrent.

Je vais vous raconter l'une de mes expériences lors d'un événement que j'ai organisé.

Le 18 mars 2020, j'ai organisé un incroyable cocktail immobilier chez BMW à Mérignac !

Quelques jours avant, nous traversions une crise sanitaire mondiale avec des confinements successifs par la suite. Mon métier était dans le secteur de l'événementiel, comment m'en sortir si je ne pouvais plus organiser d'événements ?

Je me disais que mes membres pourraient quitter mon club parce que je ne peux plus promouvoir des réunions pour développer leurs affaires ou leurs investissements. Je devais trouver une solution rapidement, sinon je serais dans l'obligation de mettre la clé sous la porte après seulement 2 ans d'existence.

Comment apporter du business à mes entreprises membres ? Comment accélérer les investissements immobiliers de mes membres investisseurs ? Toutes ces questions me trottaient dans la tête.
C'est à ce moment-là que j'ai trouvé une superbe idée en m'appuyant sur des partenariats entre experts immobiliers.
Selon moi c'était une prestation unique et irrésistible. J'ai eu la chance de réunir les meilleurs experts sous la bannière du Club Rentabilité. Nous devions être capables de travailler ensemble pour soutenir les particuliers qui veulent investir dans l'immobilier. Les temps sont propices pour réfléchir à des projets d'investissement !

C'est pourquoi j'ai lancé l'offre clé RENTA qui est un accompagnement sur mesure pour réaliser un investissement locatif.

Elle comprend les professionnels suivants :

- un courtier en prêt immobilier
- un chasseur immobilier
- un courtier en travaux
- un décorateur
- un expert-comptable
- un avocat
- un notaire
- un concierge
- un gestionnaire locatif

Cette offre permet à une équipe de suivre les projets de A à Z avec un accompagnement personnalisé et une vraie équipe derrière.
Il représente également des revenus récurrents pour tous les partenaires de cette offre.

Voici le panier moyen que chaque partenaire pouvait obtenir sur une opération :

- courtier en prêt immobilier : 2000 €
- un chasseur immobilier : 10 000 €
- un courtier en travaux : 3500 €
- une décoratrice : 1500 €
- un expert-comptables : 500 €
- un avocat : 1000 €
- un notaire : 3000 €
- une conciergerie et gestionnaire locatif : 500 €

Cette offre se distingue du marché car elle est plus qu'une simple recherche, c'est un accompagnement et un soutien pour le particulier qui investit.

On proposait des services complémentaires :

- l'intégration à notre club d'investissement
- création d'une société inclus
- pack : photos, vidéo et rédaction d'annonce hypnotique

On pouvait répondre à différents types de demandes :

- recherche de résidence principale
- investissement locatif
- investissement locatif en lcd
- achat-construction-vente
- investissement à l'étranger

L'objectif de cette offre était de permettre d'accompagner de la manière la plus efficace le client et travailler en équipe. L'initiative était presque parfaite. On a accompagné plus de 5 personnes dans leurs projets d'investissements immobiliers.
On est même partie à Marrakech durant 4 jours avec 2 clients de l'offre CLÉ RENTA.

Malheureusement, j'avais commis deux erreurs en mettant en place ce partenariat profitable pour les membres. Premièrement, je n'ai pas écrit noir sur blanc les termes du partenariat avec un contrat d'apport d'affaires. Deuxièmement, l'un des éléments de la chaîne faisait de la rétention d'information et n'impliquait pas les autres dans le processus de soutien clé en main.

En d'autres termes, un membre faisait cavalier seul pour mieux manger seul. C'est pourquoi il est important de ne faire confiance à votre entreprise que de manière réfléchie avec un contrat qui encadre vos relations d'affaires. Les relations d'affaires sont comme les relations de famille ou de couple, il y a parfois des hauts et des bas.

Cette expérience m'a permis de comprendre qu'il faut vraiment cadrer toutes ses relations, surtout lorsque les opportunités semblent trop belles. En raison du nombre de rencontres que vous ferez, vous sentirez les mauvais partenaires dès le premier message ou dès le premier entretien. Il était important pour moi de vous avertir que tous les partenariats ne peuvent pas être gagnants-gagnants, vous devez être mentalement préparé à subir des déceptions et même des échecs dans vos relations d'affaires. Ces choses sont en fait un carburant pour les rendre encore meilleures.

La Stratégie du Partenariat RENTABLE

Cette stratégie se décline en 4 étapes :

- L'entretien de découverte
- La proposition de partenariat
- La promotion du partenariat
- L'estimation des gains du partenariat

Il ne s'agit pas d'aller de rendez-vous en rendez-vous pour mettre en place des partenariats dormants. Ils doivent travailler pour vous tous les jours comme un investissement. Comprendre les besoins de vos partenaires est une priorité. Il vous sera ainsi plus facile de créer un partenariat rentable que vous pourrez promouvoir auprès de vos communautés respectives. Si le partenariat est gagnant, poursuivez-le, sinon changez de partenaire.

• L'entretien de découverte

Avant l'entretien, il est important d'étudier l'activité de votre futur partenaire potentiel. Regardez son site web, ses avis clients sur google my business et sa communication. Bien entendu, ses services n'auront déjà plus de secrets pour vous. La connaissance est un pouvoir, alors prouvez que vous êtes réellement intéressé par l'activité de votre partenaire.

En ayant une méthodologie adaptée lors de l'entretien, vous obtiendrez toutes les informations dont vous avez besoin pour créer une proposition de partenariat sur mesure.
L'objectif de cet entretien est d'écouter les réponses à vos questions très ciblées.

Voici la liste des questions qui vous permettront de connaître les besoins et les objectifs d'une entreprise afin de mettre en place une machine de guerre à travers votre partenariat :

1 - Racontez-nous l'histoire de votre entreprise ? Parlez-nous de vous. Quels sont les services que vous proposez ?

Vous pourrez en apprendre davantage sur l'expertise de l'entreprise rien qu'en l'entendant présenter son activité. Certaines entreprises se présentent de manière très spécifique avec des chiffres et des services qui se démarquent du marché. Ne vous associez qu'à des entreprises qui partagent les mêmes valeurs que vous et qui apportent une réelle valeur ajoutée.

Vous mettez votre crédibilité en jeu en essayant de vous associer à tout le monde. Ne soyez pas assoiffé de clients ou de partenaires. Devenez le nectar que tout le monde convoite.

2 - Quelle est la typologie de votre clientèle ? `

Connaître les clients de vos contacts vous permet de savoir avec qui vous pouvez les mettre en relation. Vous pouvez également partager une typologie de clients commune qui nécessite une offre que vous pouvez mettre en place.

3 - Comment trouver de nouveaux clients ?

Vous en saurez plus sur les stratégies que vous utilisez pour trouver de nouveaux clients. C'est aussi à ce moment-là que vous pouvez donner des conseils à la personne qui est face à vous, pour mettre en place d'autres stratégies d'acquisition de clients.
En ce moment, j'enchaîne les rendez-vous pour mon salon et la plupart des personnes à qui je parle me disent qu'elles ne comptent pratiquement que sur le bouche-à-oreille.
C'est une excellente stratégie en soi, mais elle peut souffrir de certaines limites.

Voici 5 stratégies d'acquisition qui me plaisent et qui pourraient être vos futurs partenaires et vous-même. Je développerai chaque stratégie par la suite.

- Google my business : pour recueillir les avis des clients
- Rédiger des articles : pour augmenter votre référencement naturel
- Organisation d'événements pour gagner en visibilité
- Communication stratégique pour devenir l'expert numéro 1
- L'écriture d'un livre pour les plus ambitieux
- La mise en place de partenariats que nous étudions actuellement

4 - Quels sont vos besoins pour développer votre visibilité et l'acquisition de clients ?

Nous avons tous des besoins ou des problèmes que nous ne pouvons pas résoudre seuls.Vous êtes la personne qui peut apporter des solutions dès la première rencontre. En effet, votre interlocuteur peut avoir besoin d'un community manager ou simplement de refaire son logo. Vous pouvez lui recommander des personnes de votre réseau pour l'aider à répondre à ses besoins.

5 - Pouvez-vous m'en dire plus sur vos objectifs de vente (mensuels) ?

De nombreuses entreprises n'ont pas vraiment d'objectifs de revenus spécifiques. Si l'entreprise ne veut pas partager ses objectifs ou ne sait pas, posez la question suivante :

Quel volume d'affaires souhaitez-vous qu'un partenaire commercial vous apporte ?

Cette simple question est destinée à déterminer ce qu'ils peuvent attendre de vous. Elle vous permet également de réfléchir à la manière dont vous pouvez atteindre cet objectif. C'est-à-dire, s'il est réalisable.

La création d'un partenariat rentable

Je vous invite à créer une brochure de partenariat sur Canva que vous pourrez modifier pour proposer un partenariat personnalisé à chaque futur partenaire.

Voici les éléments essentiels pour votre proposition de partenariat :

a - Une page de présentation avec les logos de vos 2 entreprises.

Le fait d'envoyer une brochure de qualité avec le logo de votre futur partenaire inspire vraiment confiance.

b - Un rappel des valeurs communes des entreprises

Le partenariat ne peut être réussi que si vos deux entreprises partagent des valeurs communes. Vous êtes une entreprise ou un commerce qui partage plus qu'une relation purement financière.

1) Le contexte de votre partenaire

Rappelez les besoins, la typologie et les stratégies d'acquisition du partenaires. N'oubliez pas de mettre l'accent sur sa valeur concurrentielle pour prouver que vous avez cerner la vraie nature de l'entreprise.

2) Vos objectifs

En 3 points, mettez en avant les objectifs de l'entreprise.
Voici un exemple :

- Rencontrer de nouveaux prospects qualifiés qui cherchent à optimiser leurs fiscalités
- Mettre en place de nouveaux partenariats pour générer de nouveaux contacts qualifiés
- Développer votre clientèle sur la durée avec de nouvelles stratégies d'acquisitions

C'est pourquoi vous souhaitez trouver un partenaire de confiance qui vous permettra de rencontrer de futurs partenaires et des contacts hautement qualifiés.

3) La proposition

Autant vous donner un exemple d'une proposition de partenariats qui est gagnant-gagnant.

Désolé de prendre encore le secteur immobilier comme exemple.

Une architecte d'intérieur propose à un chasseur immobilier de s'associer. Voici la proposition qu'elle lui fait. Pour rappel, ils partagent le même type de clientèle qui souhaite investir dans l'immobilier pour réaliser un investissement locatif.
Le chasseur pour satisfaire ses clients doit proposer des projets de biens à rénover avec un coup de cœur décoration pour optimiser la rentabilité du projet. L'architecte d'intérieur réalise des prestations d'aménagements pour développer la valeur perçue et la valeur locative des biens.

Ainsi, ils peuvent avoir une offre commune : proposer une recherche de biens rentables grâce à une décoration coup de cœur. Le chasseur se distingue de ses concurrents car il peut proposer un concept de décoration par projet à ses clients.

On peut penser à un concept de location courte durée sur le thème du vin ou à une colocation artistique avec des fresques personnalisées.

Cette offre commune a un double effet, elle valorise les services du chasseur immobilier et lui permet de trouver plus facilement des clients en partageant des réalisations uniques.

Elle est également rentable financièrement pour les deux partenaires.

Si le chasseur réalise 4 opérations par mois en moyenne et que le panier moyen de la prestation de l'architecte d'intérieur est de 1500 euros alors c'est un partenariat qui rapporte 6000 euros par mois à l'architecte d'intérieur.

Le chasseur immobilier est également gagnant car il peut proposer une offre d'investissement clé en main grâce au réseau de l'architecte d'intérieur. Imaginons que ses honoraires soient de 3% sur une simple recherche d'un bien dont le panier moyen est de 200 000 euros, soit 6000 euros par opération.

Le fait de proposer une offre clé en main avec aide à l'obtention du financement, recherche du bien, travaux et décoration du cœur... etc, lui permet d'augmenter ses honoraires de 3 à 5% soit 10 000 euros par opération.

Il augmente son panier moyen de 4 000 euros car il a un partenaire qui lui permet de bénéficier de son réseau et de la qualité de ses services personnalisés.

Le partenariat, c'est avant tout une offre commune et c'est également un apport d'affaires et des avantages partenaires.

Commençons par la mise en place d'avantages pour les partenaires que nous avons pris en exemple.

Ils décident d'un commun accord d'offrir une remise de 10% à leurs communautés respectives. Ainsi, les clients de l'architecte d'intérieur bénéficient de 10% sur les honoraires du chasseur immobilier. Cela représente une économie de 1000 euros sur des honoraires de 10 000 euros. C'est un appel à l'action plutôt efficace ! Les clients du chasseur immobilier bénéficient à leur tour de 10% sur les services de l'architecte d'intérieur grâce au partenariat. Obtenir une réduction est toujours un plaisir. Il n'y a pas de petites économies après tout quand on sait que l'on peut aller à Séville pour 30 euros aller-retour.

Restons sur les 10% mais cette fois-ci sur l'apport d'affaires.
Si le décorateur d'intérieur apporte une affaire au chasseur immobilier, il est récompensé par une contribution d'affaires de 10% sur un panier moyen de 10 000 euros. Si elle recommande le chasseur une fois par mois, elle génère pour 12 000 euros de chiffres d'affaires grâce à l'apport d'affaires. Je ne précise même pas l'argent généré par le fait qu'elle s'occupe de la déco de l'ensemble des opérations du chasseur.

Quant à lui, le chasseur reçoit 150 euros d'apport d'affaires sur chaque dossier qu'il apporte à son partenaire architecte d'intérieur. Si l'on multiplie ce montant par 4 apports d'affaires par mois cela fait 600 euros. Cette somme peut être largement réinvestie dans une campagne de pub Google Adwords pour générer encore plus d'opérations. Le partenariat lui permet d'avoir un budget publicité plus que raisonnable.

On récapitule, le partenariat fonctionne grâce à 3 éléments :

- La création d'une offre commune : investissement locatif clé en main qui crée l'effet " coup de cœur ".
- Un avantage partenaire de 10% de réduction pour les clients ou la communauté des partenaires.
- Un apport d'affaires de 10% qui peut devenir un revenu complémentaire ou financer un budget publicitaire.

4) La rentabilité des partenariats

Nous prenons cette fois l'exemple d'un formateur dans le domaine du coaching qui vend une formation au prix de 1500 euros. Il met en place un réseau de 40 partenaires qui ont une clientèle très qualifiée de plus de 50 000 personnes au total.

Il met en place un tunnel de vente pour ses partenaires qui ont une communauté plus importante que lui. Il leur propose le système d'affiliation à 30% sur chaque vente de formation.

Ses partenaires vendent pour lui 10 formations par an, soit un total de 400 formations par an. Ses partenaires gagnent
5000 euros avec ce système. Le formateur réalise un chiffre d'affaires de 600.000 euros et reverse 180.000 euros à son réseau de partenaires.

On voit que sa stratégie de construction d'un réseau de partenaires a porté ses fruits à hauteur de 420.000 euros.
L'avantage d'avoir mis en place un réseau de 40 partenaires est qu'ils vous recommandent une fois par mois, ce qui peut représenter un chiffre d'affaires plus que conséquent pour vous.

5) Le plan d'action pour promouvoir le partenariat

Vous avez construit un réseau de 40 partenaires, je tiens tout d'abord à vous féliciter. Vous faites partie des 1/1000 qui ont réalisé cet exploit.
Vous avez créé une offre commune qui est très attractive. Maintenant, il va falloir faire savoir que vous avez un partenariat et une offre à ne pas manquer.

- **La photo**

La première chose à faire pour promouvoir votre nouveau partenariat est de réaliser une photo qui met en valeur vos deux profils. Dans la description de la photo, n'oubliez pas de mentionner pourquoi votre partenaire est une personne qui partage vos idées. Pourquoi avez-vous mis en place ce partenariat et qu'est-ce que votre communauté va gagner de ce partenariat ?`

- **Le visuel du partenaire**

Quelques jours après avoir partagé votre photo, vous pouvez partager un visuel au format des réseaux sociaux qui présente le bénéfice du partenaire.

Il doit préciser le % de réduction, les services concernés et le public qui bénéficie de cette offre. Je vous recommande de faire appel à un graphiste pour créer cet élément de communication qui doit être raffiné. Ajoutez un lien de contact dans les commentaires pour bénéficier de cet avantage.

- **La présentation de votre offre commune**

Votre offre doit répondre à une problématique que rencontrent vos deux communautés. Si elle n'existe pas sur le marché, c'est encore mieux. Vous créez un nouvel avantage concurrentiel pour vous démarquez de la mêlée.
Un article qui présente votre offre est vraiment un plus qui augmente aussi votre référencement si vous choisissez les bons mots clés.

- **L'article thématique**

Afin de promouvoir votre partenariat, créez 2 articles thématiques qui mettent en avant les partenaires à tour de rôle. Profitez de ces articles pour mettre des photos de réalisations ou de résultats concrets obtenus grâce aux services de la personne concernée.
A la fin de l'article, mettez un lien de redirection vers le site de votre partenaire. Vous pouvez également insérer sur le même article un lien vers votre offre commune et une bannière d'avantage partenaire.

- **L'interview Youtube**

Actuellement la vidéo Youtube est l'un des meilleurs outils pour rayonner au niveau national. Voici un exemple de titre et de descriptions dont vous pouvez vous inspirer pour vos prochaines interviews.

5 stratégies gagnantes pour multiplier vos investissements immobiliers
Investir dans l'immobilier n'est pas une simple partie de jeu de cartes. Vous allez devoir trouver un financement pour financer vos projets immobiliers. Et si vous n'avez pas le profil pour emprunter alors que faire ? Je vous partage mon histoire originale avec beaucoup de bas mais qui m'ont permis de viser les sommets.

Lire nos meilleurs articles :
https://www.club-rentabilite.fr/blog-immobilier/

Lire le Guide Ultime des villes où investir :
https://www.amazon.fr/Guide-Ultime-villes-Investir-investissements/dp/B09HG6KH62/

NOS DERNIÈRES VIDÉOS

Générer 200 000 euros avec la location courte durée :
https://www.youtube.com/watch?v=LODVmvmlEeY&t=25s

Comment acquérir 50 biens en 10 ans ?
https://www.youtube.com/watch?v=gS2D-dWxhXM&t=150s

Comment faire baisser votre taux d'endettement ?
https://www.youtube.com/watch?v=CooKkFm87Pw&t=337s

NOS ARTICLES POUR INVESTIR

Comment faire de votre résidence principale un investissement rentable ?
https://www.club-rentabilite.fr/blog/residence-principale-rentable/

GUIDE : Comment réussir une surélévation ?
https://www.club-rentabilite.fr/blog/guide-surelevation/

Les 5 règles d'or de la division de bien :
https://www.club-rentabilite.fr/blog/diviser-bien-immobilier/

Dans la description de votre interview, il est recommandé de mettre plusieurs liens vers des pages de votre site internet. Il sera alors possible que l'on vous contacte ou votre partenaire grâce à cette interview thématique.

- **Un nouveau partenaire sur votre site**

Utilisez votre site internet comme source de trafic pour celui de votre partenaire.
Vous pouvez mettre en valeur votre offre commune dans vos services. Les visiteurs doivent la trouver facilement sinon vous perdez des opportunités. Votre avantage partenaire doit être visible sur votre page d'accueil afin qu'il incite à cliquer sur le site de votre partenaire.

- **La formalisation du partenariat par email**

Vos clients et votre communauté sont friands de nouveautés et avantages alors prévenez les que vous étoffez votre offre de services et qu'ils bénéficient d'une réduction auprès de votre nouveau partenaire.

Voici un modèle de mail que vous pourriez leurs envoyer :

Objet : Économisez 1000 euros avec notre nouvel avantage partenaire

Bonjour,

Je tenais à vous présenter X qui est officiellement devenu notre partenaire.

Pour fêter notre partenariat, 2 actions sont mises en place.
L'offre RENTA qui vous fait bénéficier de …….. !

Ensuite la bonne nouvelle, vous bénéficiez de 10% de réduction sur l'ensemble des prestations de notre partenaire.
Voici une vidéo pour vous le faire découvrir.

Au plaisir de vous inviter à notre soirée partenaire.

- **La soirée partenaires**

Pour finir sur la promotion des partenaires, organisez une soirée avec tout votre réseau de partenaires. Vous mutualisez les coûts de la soirée où vous pouvez très bien choisir un bar qui ne vous demande que de consommer.

Trouvez un thème pour cette soirée afin d'intéresser vos clients ou votre réseau à y participer.

Profitez de cet événement pour offrir une carte VIP qui offre tous les avantages de votre réseau de partenaires. Offrez en même temps un petit livret explicatif et une boîte de chocolats. Combinez une soirée festive, une carte VIP et des chocolats pour les inciter à utiliser les avantages de votre réseau de partenaires.

Apportez de la valeur à votre communauté, c'est ce que nous verrons dans le chapitre suivant. Faites faire des économies à vos clients et apportez des affaires à vos partenaires en communiquant sur eux ou sur vos offres communes.

Plan d'action pour créer des partenariats

#1 : Préparer un entretien de découverte partenaires

- Renseignez-vous au préalable. Évitez les erreurs de castings avant le rendez-vous.
- Préparez 6 questions pour faciliter la prise d'informations utiles
- Apporter quelques éclaircissements sur les opportunités du partenariat

#2 : Proposer une partenariat rentable en 3 stratégies

- Créez une offre commune irrésistible
- Proposez un apport d'affaires conjoints
- Négociez des avantages communs

#3 : Chiffrer la rentabilité de votre futur partenariat

- Quels sont vos objectifs en termes de chiffre d'affaires ?
- Combien de partenaires devez-vous avoir pour atteindre vos objectifs personnel
- Mettez en place un outil de suivi du partenariat

#4 : Promouvoir votre partenariat

- Valorisez vos offres communes
- Mettre en valeur vos avantages partenaires
- Partagez l'expertise de votre partenaire
-

Si vous deviez retenir qu'une chose de ce chapitre : Des partenariats rentables vous générera 400 000 euros de chiffres d'affaires grâce à votre réseau de partenaires.
Vous n'avez pas encore mis en place de partenariats ?
À vous de jouer !

CHAPITRE 5

Apportez de la valeur à votre communauté:

Communiquez efficacement pour marquer les esprits et donner envie de vous recommander.

A l'école, je devais être l'un des plus mauvais élèves de ma classe en français. On va dire que vu mon style d'écriture c'était plutôt normal. Néanmoins, cela ne m'a pas empêché d'écrire un premier livre, puis un second, celui que vous êtes en train de lire.

Connaissez-vous vraiment l'histoire derrière ma nouvelle passion pour l'écriture de livres ? J'ai tout simplement commencé à écrire des articles sur l'investissement immobilier et sur une niche bien précise : l'étude du marché immobilier d'une ville.

Passionné d'histoire et de chiffres, je trouvais que les villes n'étaient pas assez mises en avant. Lorsque je tapais comment investir dans l'immobilier à Nantes ou Toulouse, on me proposait des articles qui vendaient plus des logements neufs qu'une véritable étude passionnante sur l'immobilier d'une ville.

Je ne voyais pas l'intérêt de ces articles. J'apprenais des faits importants sur la ville comme le nombre d'habitants ou le nombre d'entreprises présentes. C'était dommage, les articles ne mettaient même pas en valeur la ville avec de belles photos. Je ne leur faisais pas du tout confiance car je voyais bien qu'ils essayaient de me vendre quelque chose. Les bingos à la fin des programmes étaient exposés...

C'est malheureux car un article pour moi est fait pour répondre à un problème ou apporter de la valeur. J'ai donc saisi l'opportunité de faire la meilleure étude de marché immobilier d'une ville.

Quelle est ma stratégie pour apporter plus de valeur que les autres concurrents ?

Je prends simplement le meilleur de ce qu'ils ont et j'ajoute ce qui manque. C'est pourquoi mes articles sur les villes sont appréciés et qu'ils génèrent des contacts pour moi. En mars 2020, j'ai décroché plus de 10 rendez-vous grâce à la rédaction de mes articles.

Pourquoi ? J'apportais la valeur dont les gens ont besoin, cela inspire confiance.

Si vous ne partagez pas de contenu, cela a deux effets négatifs. Vous n'avez pas l'expertise donc vous ne communiquez pas. De plus, ne jamais communiquer sur vos résultats ou vos réalisations n'inspire pas vraiment confiance. Avez-vous quelque chose à cacher ?

Personnellement, avant de faire affaire avec une entreprise, je consulte son site web et ses dernières publications. Si je vois que ses publications consistent à vendre des tapis, je ne ferai jamais appel à elle.

Mettez-vous deux secondes à la place de vos futurs clients. Que pensez-vous d'une entreprise qui n'a pas de site web, de références ou de réalisations ?

À l'inverse, plus vous répondez aux problèmes de votre communauté, plus vous êtes la personne qui peut résoudre tous les problèmes. Plus vous publiez du contenu à valeur ajoutée, plus vous pouvez en faire un livre.
C'est exactement ce que j'ai fait, mon premier livre était une version améliorée du contenu que j'ai partagé. Votre contenu vaut son pesant d'or, alors exploitez-le pour devenir la nouvelle étoile montante de votre ville.

Vous avez tous des connaissances ou une expertise dans votre domaine de prédilection, alors qu'est-ce qui vous empêche de les partager ?

L'excuse du temps est toujours utilisée pour s'excuser du peu de contenu que vous apportez à votre communauté.
Déléguez votre communication à un stagiaire, un étudiant en alternance ou un freelance. Attention au choix de vos partenaires de communication, surtout avec les contrats d'alternance....

J'avais la même excuse que vous lorsque je ne trouvais pas le temps de trouver des exposants pour mon salon. J'ai simplement modifié mon emploi du temps pour le faire le matin avant d'aller au bureau plutôt que le soir.

Résultat, j'ai obtenu 4 rendez-vous pour une heure de travail. Cette méthodologie m'a permis d'entrer en contact avec de futurs partenaires aux Etats-Unis, au Brésil, en Thaïlande et à Dubaï. Potentiellement, ces partenariats pourraient me rapporter un total de 12.000 euros, soit 3.000 euros par partenaire. Faites donc les tâches plus tôt si vous voulez générer 10 000 euros par heure.

Vous avez le syndrome de l'imposteur qui vous empêche de communiquer ou vous ne savez tout simplement pas comment communiquer. Laissez-moi vous rassurer, vous n'avez pas besoin d'étudier pour communiquer efficacement. Vous devez savoir ce que votre communauté veut afin de pouvoir le lui fournir. Même si j'écris des livres, je ne me considère pas comme un écrivain car je n'ai pas cette prétention et ce n'est pas mon métier. Toutefois, cela ne m'empêche pas de transmettre certaines de mes connaissances afin que vous puissiez devenir des experts en matière de réseaux.
N'ayez pas peur de ne pas y arriver, prenez le pouvoir !

Vous avez le pouvoir de réaliser de grandes choses, et cela ne peut se faire que par la communication. Commencez par partager vos valeurs et dire qui se cache derrière l'entreprise. Ensuite, il est important que tout le monde sache quels sont vos services et à quels problèmes votre entreprise s'attaque.

Si je devais résumer ce qu'est une communication efficace, c'est le fait de répondre aux besoins et aux problèmes de votre communauté afin qu'elle comprenne que vous êtes la personne de la situation.

Les 5 règles pour apporter de l'or à sa communauté

#1 Inspirez votre communauté

L'objectif de tout entrepreneur ou spécialiste du marketing est de gagner de l'argent, mais il existe un pouvoir bien plus grand qui peut être exploité. Avoir une communauté de 50, 100 ou 1000 personnes vous donne un pouvoir d'influence considérable.

Vous pouvez motiver votre communauté chaque lundi en partageant des citations motivantes sur le succès, la réussite ou la confiance en soi. Vous pouvez facilement les récupérer sur Google et les transformer en visuels à l'image de votre entreprise avec Canva.
Pour créer une interaction avec votre communauté, vous pouvez poser une question ouverte qui vous permet d'interagir avec ceux qui laissent des commentaires. C'est l'occasion de leur souhaiter une bonne semaine et de leur faire savoir que s'ils ont besoin d'un contact, ils peuvent compter sur vous.

#2 Répondez à ses plus grandes problématiques

Prenez une feuille de papier vierge et marquez les 12 problèmes auxquels vos clients sont le plus confrontés ? Ensuite, répondez à chaque problème en 3 points ou en seulement 3 phrases juste en dessous de la question.

Vous avez 20 minutes pour faire cet exercice. Plus sérieusement, si vous avez réalisé cet exercice, vous venez de trouver votre publication du mardi pour les 12 prochaines semaines.

En effet, répondre aux problèmes de vos clients attire tous ceux qui sont confrontés à ces problèmes. N'oublions pas qu'une entreprise qui résout des problèmes est une entreprise qui gagne de l'argent.

Voici un exemple du formation problème / solution :

Comment financer un projet d'investissement locatif lorsque l'on a pas de cdi ?
On peut se faire financer sans CDI à partir d'un bon bilan et d'excellentes garanties ou en investissant en société.

Votre publication apporte les informations suivantes :
Vous êtes un générateur de solutions à un problème que rencontrent de nombreuses personnes. Ensuite, ces mêmes personnes savent que vous n'avez pas peur d'étudier leurs cas. Elles peuvent alors vous contacter pour résoudre leurs problèmes.

#3 Apportez les meilleurs conseils

Si vous ne parvenez pas à convaincre votre communauté, ne communiquez pas.

Chaque élément de contenu doit apporter quelque chose de valeur. Vous devez avoir une position de conseiller sur mesure.
Si vous n'êtes pas prêt à partager des conseils, alors personne ne vous recommandera. Au contraire, si votre communauté sait que vous fournissez des conseils pour des milliers d'euros le mercredi, alors elle vous recommandera.

Pourquoi ? Vous êtes la personne qui apporte des conseils sans vendre. C'est ce qui plaît. Il ne sert à rien de souhaiter devenir la personne désirée.

Tout le monde veut être conseillé par la personne qui donne les meilleurs conseils. Notez vos 12 meilleurs conseils sur une nouvelle feuille de papier. Vous pouvez en partager un chaque semaine à partir de maintenant.

#4 Montrer votre savoir faire

Sans réalisations, il n'y a pas de résultats.

Vous êtes performant et vos clients sont satisfaits de vos services. Pourquoi personne ne le sait ?

Il y a moins d'une semaine, une ancienne cliente est venue me voir pour promouvoir son chef-d'œuvre : la réalisation d'un coliving de 14 pièces à Angoulême dont elle avait fait 80% des travaux elle-même.

Elle m'a expliqué que c'était très important pour elle car une mauvaise personne l'avait approchée pour avoir le plus d'informations possible avant de la copier. Cette personne avait même obtenu une publication dans un journal alors que le projet n'était qu'une version polie de celui de ma cliente.

J'ai tout simplement mis en avant sa réalisation sous le format d'un article constitué d'une explication du projet avec des photos et d'un clip avant/après.

Résultats : l'article a généré plus de 2000 lectures en 36h et la vidéo 400 vues.
Une avalanche de commentaires positifs ont suivi. Si on avait pas mis en avant sa réalisation, personne n'aurait su le projet magnifique qu'elle avait réalisé.
Si vous ne mettez pas en avant vos réalisations d'autres en récolterons les lauriers et les bénéfices à votre place.
Le jeudi, vous pouvez partager un article de vos réalisations ou l'avis d'un client satisfait.

#5 Proposer des résultats concrets

Qu'ont gagné vos clients grâce à vous ? Combien vos clients ont-ils économisé grâce à vous ? Quels sont les résultats obtenus grâce à votre soutien ?
Imaginons que vous aidiez un de vos clients à gagner 100 000 euros. 100 personnes qui verront votre publication des résultats du vendredi auront envie de gagner elles aussi. Partagez vos résultats pour gagner de nouveaux clients.

Les 5 stratégies pour générer de nouveaux clients en communiquant

Stratégie 1 : Partagez vos avis clients et résultats sur Google My Business

La première chose que nous faisons lorsque nous avons besoin d'un service est de taper le nom de la profession + la ville. Vous trouverez alors une liste d'entreprises répertoriées sur google my business. Les entreprises les plus contactées sont celles qui sont les mieux positionnées et qui ont les meilleurs avis.

Trop peu d'entreprises maîtrisent la puissance de cet outil dont l'utilisation ne prend que 5 minutes par semaine. Pour optimiser votre profil google my business, vous devez remplir tous les éléments requis et décrire vos services autant que possible.
L'ajout de mots-clés dans les descriptions joue un rôle crucial dans votre référencement.

Première chose à faire : Si vous êtes peintre en bâtiment c'est de mettre comme titre votre nom d'entreprise + peintre en bâtiment + le nom de votre ville.

Si le siège social de votre ville génère trop peu de demandes mensuelles, choisissez alors d'installer votre siège social dans la grande ville de votre région. Conseil : Ne changez pas officiellement votre siège social mais prenez une domiciliation dans la ville ciblée avec **sedomicilier.fr** Vous pourrez ensuite vous désinscrire une fois que vous aurez reçu le code de vérification de Google My Business.
Ensuite, renseignez un maximum de mots clés pour vos services et proposez des produits avec un lien de redirection vers votre site.
Enfin, créez un site google my business. Ce service est gratuit et augmentera la visibilité de votre page.

Une fois votre profil optimisé, vous devrez effectuer ces 3 actions

- Partager 3 photos par semaine dont un visuel d'avis clients.
- Partager un post par semaine
- Obtenir un avis client par semaine.

A la fin de l'année, vous aurez 52 avis et plus de vues que les 3 premiers concurrents de votre niche.

Stratégie 2 : L'écriture d'articles à forte valeur ajoutée

Partager un article par semaine vous permettra d'augmenter votre référencement, de vous positionner comme un expert dans votre communauté et de générer des clients par la même occasion.
Voici le plan d'action en 5 étapes pour rédiger facilement vos articles :

Étape 1 : Utiliser les meilleurs mots-clés

J'utilise l'outil de planification des mots-clés pour trouver les mots-clés qui génèrent le plus de recherches mensuelles. Il est inutile d'écrire des articles sans connaître le nombre de recherches mensuelles. Vous devez trouver des mots-clés avec au moins 100 recherches mensuelles, si possible avec une faible concurrence. Pour sortir du lot, vous pouvez utiliser des mots-clés de longue traîne. Cela correspond à une requête plus longue mais plus qualifiée.

Étape 2 : Trouver les meilleurs titres

Une fois que vous savez quel mot clé vous allez utiliser, essayez de l'utiliser comme une question.

Exemple : Comment ai-je créé un coliving de 14 pièces à Angoulême ?

Cela indique que vous proposez une méthodologie détaillée pour arriver à ce résultat. Le chiffre 14 est intriguant car il s'agit presque d'un exploit. L'effet de ce type de titre est de vouloir savoir comment parvenir au même résultat.
Combinez des chiffres, un commentaire et un exploit alors vous augmentez le lectorat de vos articles.

Étape 3 : Partager du contenu de qualité

Ouvrez 10 articles qui traitent du même sujet que le vôtre.
Inspirez-vous des meilleurs et apportez les éléments manquants à ceux-ci pour faire mieux que la concurrence.

Étape 4 : Pensez à créer du contenu agréable à lire

Ouvrez 10 articles qui traitent du même sujet que le vôtre.
Inspirez-vous des meilleurs d'entre eux et ajoutez-y les éléments manquants pour surpasser la concurrence.

Étape 5 : Mettre des appels à l'action dans vos articles

Mettez au moins 4 liens de redirection vers vos articles précédents et n'oubliez pas de mettre un appel à l'action à la fin de votre article.
Utilisez les termes suivants : Prendre un rendez-vous ou Accélérer vos projets.

Le calendrier électronique Calendly est parfait pour générer des rendez-vous.

Si vous manquez de temps pour produire vos articles, déléguez cette tâche à un rédacteur expert sur le site 5euros.com. Vous trouverez des prestataires qui proposent une large gamme de services dont la rédaction d'articles.

Pour 4 articles de 500 mots, comptez 30 euros.

Stratégie 3 : Réaliser du contenu vidéo

Je vous recommande d'acheter un trépied et un microphone pour obtenir une bonne qualité de son. Donner des conseils sous forme de vidéo vous permet de vous démarquer et de renforcer votre image de marque. Vous pouvez traiter un thème par semaine et votre audience augmentera.
Même si je ne suis pas à l'aise avec la vidéo, c'est le format qui vous permet de vous positionner comme une autorité dans votre secteur. Le format de l'interview est plus simple et très apprécié si vous préférez les sports d'équipe avant de vous lancer dans le grand bain.

Stratégie 4 : Publier au moins 3 fois par semaine

Plus vous publiez, plus vous fidélisez ! Imaginez que vous publiez 12 contenus pertinents par mois, soit 144 contenus sur l'année.
Cela peut représenter 52 articles qui vous apportent du trafic toute l'année. Une vidéo par semaine, soit 52 vidéos par an, fait de vous le leader de votre secteur. Partager 52 avis clients vous en apportera 100 de plus. Toutes vos publications représentent l'effet cumulatif de votre expertise qui est récompensée par l'acquisition de nouveaux clients.

Stratégie 5 : Éditer votre propre livre

Le professionnel qui sort un livre se positionne vraiment comme l'autorité ultime dans le métier. Je vous rassure, tout le monde peut publier un livre, c'est pourquoi tous les livres ne se valent pas.
Je vais vous résumer en quelques lignes comment publier un livre :

- Étudiez les livres de référence dans votre niche
- Mettez sur un fichier word : les titres, sous-titres et descriptions des meilleurs livres.
- Soulignez les mots-clés essentiels pour les rassembler sur votre livre
- Proposez un titre accrocheur avec une meilleure promesse.
- Chaque chapitre de votre livre doit être une pépite qui vous permet de faire une description convaincante.

Une fois que vous disposez de ces éléments stratégiques, déléguez la création de la couverture, du dos et de la quatrième de couverture à un graphiste.

Pour la partie technique de la création du livre, vous le faites via la plateforme Amazon KDP. Youtube regorge d'excellents tutoriels pour la rédaction de votre livre.

Votre livre génère en moyenne 7 euros par livre vendu et 5 lecteurs sur 100 vous contacteront si vous laissez vos coordonnées dans votre livre. Bien sûr, plus les gens aiment votre livre, plus vous aurez de retours.

Enfin, posez-vous la question suivante : Combien de vos concurrents ont écrit un livre ?
Peut-être un ou deux, mais pas plus, votre livre est le meilleur moyen de se constituer un réseau. C'est comme si vous étiez personnellement sur la table de chevet du lecteur. Ils vous recommandent inconsciemment si vous leur apportez des pépites dans votre livre.

Les astuces pratique par réseaux

Linkedin

Je vous présente les 5 meilleures astuces pour profiter de l'énorme portée des publications linkedin :

- Ajoutez 3 # à chaque message.
- Marquez 3 personnes dans chaque message.
- Laissez votre site Web ou votre article en commentaire.
- Proposez un sondage par semaine.
- Partagez un article par semaine.

Facebook

- Partagez vos articles avant 9 heures ou après 10 heures.
- Rejoignez des groupes dans votre niche
- Créez au moins un article par jour
- Recherchez les meilleurs événements dans votre ville
- Envoyez des messages aux membres du groupe

Instagram

- Laissez-vous inspirer par les meilleurs flux du marché
- Ajoutez des influenceurs dans votre niche
- Mettez # dans les commentaires
- Ajoutez de la musique à vos histoires
- Utilisez les options de sondage et de quiz pour interagir

Youtube

- Trouvez les meilleurs sujets d'articles
- Laissez-vous inspirer par les meilleurs concepts vidéo
- Répondez aux questions que tout le monde se pose
- Mettez les meilleurs tags avec vidiq
- Partagez vos vidéos youtubes sur tous vos réseaux et par email avec le système IO.

Chapitre 6 :
Créer des événements prestigieux pour générer du business avec l'événementiel !

J'aime le réseautage car il me permet de rencontrer de nouvelles personnes chaque mois. Ces personnes ont des besoins et peuvent vous ouvrir des portes. Les événements sont de véritables sources de business en y participant. Fin octobre, je suis intervenu lors d'un séminaire dans un château à La Rochelle. Bien que je sois très mauvais à l'oral, j'ai partagé mes connaissances sur les différentes stratégies pour investir dans l'immobilier.

Cette intervention m'a permis de partager mon expertise sur différents sujets, dont la création d'œuvres. Celle-ci a été filmée et je l'ai partagée sur Youtube sans penser que des opportunités s'ouvriront à moi. Suite à mon intervention, deux personnes ont souhaité faire appel à mon soutien pour le lancement d'un projet. J'étais là pour rendre service au sponsor de mon club et les portes se sont ouvertes. Grâce à l'intervention lors de cet événement et le partage sur Youtube, cela a généré 4 clients pour un chiffre d'affaires de 8000 euros. Étant concentré sur l'organisation de mon salon professionnel, c'était vraiment un bonus.

Les résultats de cette participation sont la rencontre de 4 nouveaux clients, le positionnement en tant qu'expert en lancement de livre et l'obligation de créer une maison d'édition. Les événements peuvent vous apporter des clients sans les avoir recherchés. Vous devrez créer un nouveau service ou développer votre équipe pour assurer la satisfaction de vos clients.

Dans ce cas, ce séminaire m'offre la possibilité de créer ma maison d'édition par nécessité. C'est pourquoi vous devez participer à des événements. Assurez-vous de sélectionner les événements avant d'y participer, mais vous comprenez le concept. En un an, j'estime que ma participation à ce merveilleux séminaire va générer 50 000 euros de ventes. Un événement bien sélectionné peut faire de vous un gagnant.

En étant un simple participant, vous pouvez tirer le meilleur parti du réseautage. Alors imaginez les opportunités qui peuvent être offertes à l'organisateur.

Prenons mon humble exemple pour la démonstration, j'ai commencé l'événementiel en tant qu'étudiant en Master 2. Quelque temps plus tard, j'ai lancé mon club immobilier avec des événements mensuels. Enfin, j'organise un salon de l'investissement immobilier au stade MATMUT à Bordeaux.

Plus de 200 événements ont été organisé depuis mes débuts :

- apéro immo
- cocktail immo
- Mastermind
- Déjeuner immobilier
- Masterclass
- Séminaire
- Webinaire
- Salon

La communication autour de ces événements a pour effet de faire connaître mon entreprise. Plus de 1000 personnes ont participé à tous ces événements. Elles en parlent sur leurs réseaux si bien que sans le vouloir une personne sur 10 dans votre ville a entendu parler de vous.

Les photos et vidéos des événements sont les publications qui font le plus réagir sur les réseaux sociaux encore plus après les différents confinements. Que vous soyez participant ou organisateur, les photos sont les éléments qui vous mettent en avant. Vous êtes la personne branchée qui participe ou organise de grands événements.

Nous sommes tous inconsciemment à la recherche d'événements originaux et classes auxquels participer pour rencontrer les bonnes personnes.
Vous pouvez très bien favoriser les bonnes rencontres grâce aux événements que vous organisez. Je vous rassure, vous n'avez pas besoin d'un BAC +5 en gestion d'événements pour en organiser un. Si un étudiant moyen comme moi l'a fait, d'excellents commerciaux ou chefs d'entreprise comme vous feront mieux.

Vous avez très peu de temps pour organiser un événement ou vous n'en comprenez pas la pertinence ?
Prenons l'exemple d'une profession réglementée qui ne peut pas faire de publicité, la profession comptable.
La concurrence est rude dans ce secteur d'activité, alors comment faire la différence sans publicité ?

Voici 3 éléments favorables à cette profession pour se démarquer grâce à l'événement :

1) L'expertise

Nous sommes tous à la recherche de l'expert dans son domaine, encore plus en comptabilité. Il existe des spécialistes de la location meublée, des activités immobilières ou encore des professions libérales. Ainsi, partager votre expertise sur des thèmes ciblés qui répondent aux problématiques de votre client idéal vous sera profitable. Combien de vos concurrents organisent des événements ou fournissent de meilleurs conseils ? Très peu, alors lancez-vous et prenez les devants.

2) Les bureaux

Certaines entreprises disposent d'une salle de réunion pouvant accueillir au moins une douzaine de personnes. Disons que vous disposez d'un beau bureau, alors utilisez-le pour organiser des événements physiques. Accueillez vos invités avec un discours thématique de qualité et des petits fours exquis. Offrir un accueil personnalisé augmentera votre taux de transformation par 3.
De plus, ils seront familiers avec vos locaux.

Si vous ne disposez pas de vos propres locaux, pensez à organiser vos conférences dans des espaces de coworking chics. Personnellement, je suis dans l'un des meilleurs espaces de coworking de Bordeaux, le W'in. Il dispose de 3 salles de réunion, dont une qui ressemble à un bureau ovale.

Comptez 50 euros HT pour organiser un événement de 2 heures dans un espace de coworking.

Cependant, vous avez la possibilité d'organiser des événements en ligne sous forme de webinar, masterclass ou mastermind. Personnellement, j'utilise Zoom dans une version payante à 17 euros par mois. Vous aurez moins de frais en organisant des événements en ligne et vous pourrez plus facilement enregistrer l'intervention.

3) Le partage du contenu enregistré

Vous pouvez utiliser l'enregistrement de votre intervention comme source d'acquisition de nouveaux clients. Je vais vous parler de 3 exemples différents pour convertir vos interventions en opportunité.

Enregistrer un webinaire zoom que vous partagez sur Youtube.

Imaginez partager tous les mois l'un de vos webinaires sur Youtube. Vous augmentez votre référencement tout en vous positionnant comme l'expert de la thématique. Ainsi des clients de toute la France peuvent faire appel à vos services car vous leur avez prouvé votre expertise en une heure de contenu.

Réaliser des lives instagram

Vous n'avez même pas besoin de promouvoir l'événement, les participants arrivent en fonction de leur intérêt pour le sujet. Vous n'avez pas la pression de savoir combien de personnes assisteront à l'événement. Pour être sûr de rassembler du monde sur vos événements en direct, l'idée est de faire un événement en direct avec un expert dans un autre domaine.

De cette façon, vos deux communautés peuvent bénéficier de l'expertise des deux intervenants. De plus, ils sont facilement enregistrables et restent sur votre fil instagram. Vous pouvez très bien le partager sur Youtube par la suite.

Enregistrer l'ensemble des conférences de votre séminaire

Je vais partager avec vous ce que je prévois de faire pour mon salon de septembre 2022. Il y a 108 conférences prévues pour un week-end entier. Elles seront toutes enregistrées pour trois raisons :

- La première est que cela augmente la valeur des places à l'événement car le replay des talks sera envoyé à certains des participants. Cela représente plus de 70 heures de contenu qui ajoute de la valeur à l'événement.

- Deuxièmement, ces enregistrements permettent de mettre encore plus en valeur les intervenants dont l'intervention sera vue par plus de 1000 personnes après le spectacle. Ce n'est pas tous les jours que notre audience dépasse les 100 personnes.

- Troisièmement, ce contenu peut être monétisé sous la forme d'un pack de formation. On peut vendre facilement 30 packs par mois, ce qui représente un passif important.

En réalité, l'organisation d'un événement ne prend pas beaucoup plus de temps que cela. Avant d'expliquer en détail comment organiser un événement de A à Z, je vais décomposer en minutes le timing de l'organisation d'un événement.

- Ecrire le concept : 15 minutes
- Trouver le lieu ou l'outil en ligne : 15 minutes
- Créer l'événement sur les réseaux sociaux : 15 minutes
- Promouvoir l'événement : 15 minutes

En seulement une heure, vous pouvez organiser un événement qualitatif qui va vous générer du business.
La rédaction du concept est la clé de votre réussite dans le domaine de l'événementiel. Vous aurez besoin d'un sujet d'intervention, d'un thème d'événement ou d'un cours et d'animations. Si votre concept est bon, vous aurez du monde à votre événement. Dans le concept, le nom et le visuel de l'événement sont primordiaux !

Si l'événement est physique, vous aurez besoin d'un lieu qui offre des conditions compatibles avec votre modèle économique.
L'outil en ligne le plus simple à utiliser sera ZOOM.

Pour mettre en ligne votre événement sur les réseaux sociaux, vous aurez besoin d'un visuel et d'une description attractive de l'événement. Pensez à le mettre en ligne sur Facebook et Linkedin.

Pour promouvoir un événement, partagez au moins 3 publications par semaine pendant 3 semaines et demi. Ainsi, créez ses éléments promotionnels en même temps avec de beaux visuels et une accroche.

Comment organiser un événement de A à Z ?

1. **Créer un concept d'événement irrésistible**

- **Nom de l'événement**

De nombreux événements n'attirent pas les foules simplement parce qu'ils ne donnent pas envie d'y assister. En effet, le nom de l'événement est aussi important que le titre et le sous-titre d'un livre. S'il est mauvais, les gens ne viendront pas.

Pour trouver facilement un nom pour votre événement, cherchez à vous inspirer de vos concurrents, dans un sens positif comme négatif. L'idée est de trouver un nom qui a de la classe et qui donne envie aux gens de venir.

J'ai commencé mes événements immobiliers avec le nom Apéro Immo suivi d'un thème qui change à chaque événement. Tout le monde aime l'apéritif et on comprend qu'on va parler d'immobilier. Ensuite, j'ai préféré utiliser le terme cocktail immo pour cibler des invités d'une meilleure gamme.

Voici quelques idées de noms dont vous pouvez vous inspirer :

- Zen connexion
- Apéro Gourmand
- Salon des opportunités
- Cocktail chocolaté
- Masterclass : Comment réduire sa fiscalité ?
- Conférence Prestige
- Prestige Connexion

Mettez-vous à la place des participants et écrivez le nom de l'événement en circonstance. Un événement dont le nom vous inspire et vous fait inscrire de suite.

- **Le concept**

C'est ce qui amènera ou non le public à votre événement.
Qu'est-ce que votre événement a que les autres n'ont pas ?
Que gagneront les personnes qui y participeront ?

Si vous n'avez pas la réponse à ces deux questions, attendez avant de lancer votre événement.

Un événement peut se démarquer grâce à plusieurs facteurs :
le thème, le sujet de l'intervention, la personne qui prendra la parole et les services offerts.
Les thèmes peuvent être la fiscalité, la mode ou la dégustation culinaire. Je vous recommande de changer de thème tous les mois pour attirer de nouvelles personnes et aussi pour vous renouveler.

L'idéal est d'avoir un sujet à forte valeur ajoutée dont tout le monde veut connaître la réponse. Exemple : Dois-je choisir une SCI avec un statut fiscal IS ou IR ? Vous êtes sûr d'avoir une salle comble !
Vous avez également la possibilité de faire venir des intervenants de qualité chaque mois. Ainsi, vous apportez davantage à votre communauté et vous montrez que vous aimez le travail d'équipe.

Un bon concept ravit et surprend ses invités, s'ils passent un bon moment, ils reviendront et vous feront confiance.
En revanche, s'ils s'ennuient ou si le traiteur sert des chips, vous perdez des points. Pensez à vous entourer de bons prestataires pour régaler vos invités. Ensuite, pensez à faire des petits cadeaux à vos invités en fonction du nombre de cours. Offrez une boîte de chocolats ou des ferreros qui marquent les esprits.

- **Le visuel**

Il représente ou non votre image de marque. Il est préférable de faire appel à un graphiste qui partage avec vous un lien de modification via Canva pour que vous puissiez changer la date et le thème chaque mois. Un visuel vous coûtera en moyenne 50 euros que vous payez une fois. Demandez absolument à pouvoir le changer tous les mois, quitte à payer 100 euros pour un visuel modifiable.
Si vous organisez 10 événements dans l'année, cela vous coûtera au final 10 euros par mois.

- **L'accueil sur mesure**

Traitez vos invités comme des reines et des rois. Ce que j'aime le plus dans mes événements, c'est accueillir les invités et les mettre en relation avec les personnes qu'ils souhaitent rencontrer.
Vous devez être le **facilitateur d'opportunités** entre vos invités.
C'est une attitude à avoir, associée à un grand sourire. N'ayez pas peur de faire le service vous-même car cela vous rend plus accessible.

2) Trouver le meilleur lieu ou outil pour votre événement

- **Quels lieux choisir pour organiser votre événement ?**

Le lieu de l'événement est aussi important que l'immobilier.
Pour commencer, choisissez un lieu suffisamment grand pour le nombre de participants que vous attendez. Pour mon premier événement, j'ai fait l'erreur de choisir un bar trop petit avec un étage en prime. Malheureusement, les invités étaient entassés comme des sardines et séparés dans 2 pièces différentes.

Un endroit facile d'accès pour le stationnement est toujours préférable. Les problèmes de stationnement peuvent décourager vos invités de venir. Parfois, cela peut leur prendre 30 minutes pour trouver une place...

Ensuite, il faut choisir un lieu de standing par rapport à l'image que vous souhaitez renvoyer. J'ai commencé la présentation de mon club d'affaires dans une cave, très mauvais choix. Aujourd'hui, vous pouvez organiser des événements dans des hôtels, des bars, des espaces de coworking ou même des appartements dédiés aux événements.

Vous avez l'embarras du choix mais le choix du lieu répond au final à ces critères :

- Un endroit chic
- Bonne nourriture et boisson
- Facile d'accès
- Avec des conditions favorables

Sur une feuille blanche, dressez une liste d'hôtels, de bars et d'espaces de coworking où vous aimeriez organiser un événement. Pas plus de 5 par type de lieu. Contactez ensuite ces établissements.

- **Quel outil pour faire un événement en ligne ?**

Je recommande Zoom pour deux types d'événements en ligne :

La première raison est que vous pouvez utiliser l'outil gratuitement si votre événement ne dépasse pas 45 minutes.

Deuxièmement, vous pouvez enregistrer l'intégralité du discours ce qui vous permet d'envoyer le contenu aux participants. Ce contenu peut également être partagé sous forme de vidéo youtube pour optimiser votre référencement. Réaliser des interviews sur Zoom est également très efficace avec un format de partage d'écran.
Vous gagnez du temps et réduisez les déplacements en utilisant cet outil pour réaliser des entretiens et des réunions à distance.

Webinar Jam est un autre outil puissant pour accélérer la croissance de votre entreprise. Il s'agit d'un outil permettant d'organiser automatiquement des webinaires. En bref, une fois que vous avez un webinaire avec un bon taux de transformation alors automatisez sa promotion. Concrètement, j'ai acheté une formation sur les relations presse que j'ai découvert grâce à une publicité facebook qui renvoyait vers une page d'inscription au webinar jam. Je pouvais choisir 4 créneaux horaires pour m'inscrire. J'ai réalisé plus tard qu'il s'agissait d'un webinaire préenregistré qui se déroulait toute la journée.

Le webinaire m'a convaincu d'acheter la formation mais c'est le tunnel de vente qui m'a le plus intéressé. Ainsi, elle faisait la promotion d'un webinaire par le biais de la publicité sur facebook sans avoir à être présente au webinaire. Cet outil permet de décupler la vente de services ou de formations.

Il coûte 840 euros soit 70 euros par mois mais est rapidement rentabilisé une fois que vous avez trouvez vos premiers clients suite à des webinaires en direct.

- **Faire un business model rentable de votre événement**

Vous ne devez jamais organiser un événement à perte, c'est le meilleur moyen de ne plus jamais en organiser. Vous devez optimiser votre budget et votre temps. Si vous disposez d'un local adapté à l'accueil de personnes, organisez de petits événements où vos seuls frais seront la restauration, les boissons et les cannelés.

Si vous avez un budget de moins de 100 euros, allez demander à un bar d'organiser un événement chez lui pendant la semaine.
Vous lui apportez des consommateurs en retour, il vous laissera une partie de son espace. L'idéal est de choisir un bar qui dispose d'une salle plus calme avec la possibilité de planifier. Ainsi, vous pouvez très bien organiser des événements sans payer le bar pour faire l'événement chez lui. Vous lui amenez des personnes qui vont consommer donc c'est un partenariat gagnant-gagnant.

Si vous avez un budget plus important et que vous êtes prêt à faire payer vos événements. Visez les espaces de coworking chics en louant une salle de réunion ou l'espace événementiel lui-même. Vous pouvez organiser des cocktails dans des espaces de coworking pour moins de 1000 euros par mois. Cependant, tenez compte du fait que vous devrez prévoir le budget restauration et boissons.

Le plus simple est d'organiser des événements dans des hôtels. Ils organisent des événements clés en main pour des cocktails et des séminaires. Les prix sont justifiés par rapport aux services qui sont proposés. Néanmoins, si vous souhaitez en organiser un tous les mois, il faut compter 30 euros par personne pour un cocktail.
Pour que l'opération reste rentable, il faudra faire une opération blanche en vendant des tickets à 30 euros ou les vendre à 60 euros pour être sûr d'être gagnant. Après mes quelques années d'expérience, je vous recommande vraiment de commencer par organiser des réunions dans un espace de coworking haut de gamme car vous pouvez contrôler le prix et la restauration. De plus, vous pouvez vous permettre de faire des événements gratuits pour vous faire connaître sans dépenser trop d'argent.

3) Mettre votre événement en ligne

- **Quel outil pour gérer les inscriptions ?**

En attendant la réponse des établissements, vous voulez savoir comment mettre votre événement en ligne et comment vos participants vont s'inscrire.

Personnellement, j'ai toujours utilisé le site web de billetterie qui vous permet d'organiser des événements gratuits et payants avec même la possibilité d'utiliser des codes PROMO. Vous ne payez pas de frais de transaction pour les événements gratuits. Les frais de transaction pour les événements sont de 0,29€ + 1% par billet payé par carte de crédit. Cela représente seulement 0,50 ctm sur un billet vendu à 20 euros.

L'autre avantage du billet web est que vous pouvez recueillir toutes les informations que vous souhaitez. La profession, le numéro de téléphone ou encore savoir quels sont les besoins de vos participants et qui ils veulent rencontrer.

Le lancement de votre événement sur cette plateforme vous prendra moins de 10 minutes. Vous pouvez bien sûr exporter toutes les informations sur la liste des participants.

- **Mise en ligne sur les différents réseaux**

Une fois que vous avez créé un lien d'inscription sur billet web et que vous avez le visuel de votre événement, alors il faut le créer sur les réseaux sociaux.

Commençons par le créer sur Facebook à partir de votre page entreprise.

Voici les éléments demandé par Facebook pour créer un événement :

- En ligne ou en physique
- Gratuit ou Payant : Choisissez toujours gratuit même si votre événement est payant
- Nom, date, lieu : Mercredi ou jeudi de préférence à 19h ou 20h
- Description : Donner envie de s'y inscrire
- Catégorie : Améliore le référencement de votre événement
- Lien de l'événement ou Facebook Live
- Visuel de l'événement : format event sur Canva
- Ajouter des co organisateurs pour augmenter la visibilité

Voici les éléments demandé par Facebook pour créer un événement:

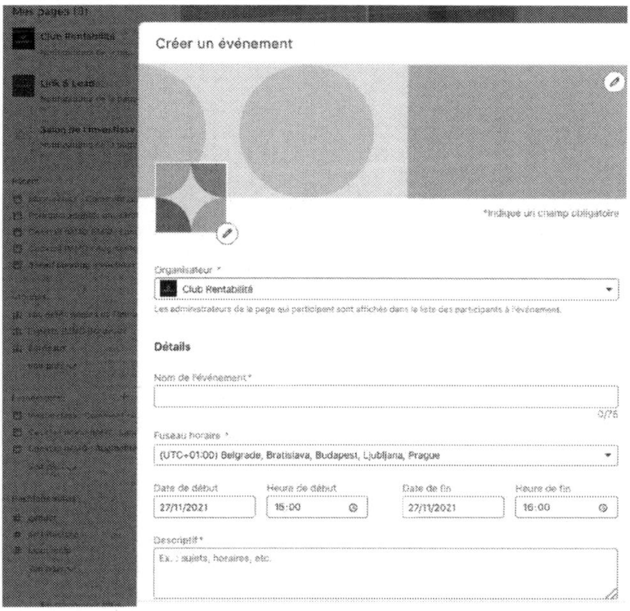

Pour créer un événement sur Linkedin, vous devez avoir une page d'entreprise. Ensuite, sur la page d'accueil, regardez la section "événements" sur la gauche.Les mêmes informations que sur Facebook vous seront demandées, utilisez donc les mêmes éléments. Le grand avantage des événements Linkedin est que vous pouvez cibler qui vous voulez inviter sans limite. Votre événement est enfin en ligne sur les différents réseaux, il est maintenant temps de le promouvoir.

4) Promouvoir votre événement

- **Les groupes Facebook**

Les groupes Facebook sont les meilleurs outils pour partager des contenus à forte valeur ajoutée tels que des articles, des vidéos ou des événements. Le plus simple est d'avoir un groupe où vous partagez vos éléments de communication et vos événements.

Si vous souhaitez faire connaître votre événement à un public plus large, partagez-le sur d'autres groupes que le vôtre. Vous devez obtenir l'accord des administrateurs pour le faire sans être exclu. Essayez de cibler des groupes qui correspondent à vos participants cibles. Idéalement, partagez dans 5 à 10 groupes différents pour assurer une meilleure visibilité de l'événement.

À titre d'exemple, le partage d'un livre dans un groupe qualifié et actif a entraîné 50 ventes de livres en 2 jours pour l'un de mes clients. Le nombre d'inscriptions à votre événement, s'il est de qualité, peut avoir le même succès.

- **La force du partage**

C'est bien que vous ayez créé l'événement mais derrière vous ne le partagez généralement pas ou très peu.... Vous pouvez le partager sur votre profil Linkedin, Facebook et Instagram.
Utilisez la page Linkedin et Facebook de votre entreprise pour le promouvoir.
Les stories sont très utiles pour promouvoir des événements car sur instagram et Linkedin vous pouvez mettre le lien de votre événement directement.
Partagez au moins une fois par semaine vos événements sur vos différents profils et dans les stories. Lorsque vous partagez l'événement, mettez le lien d'inscription en commentaire de chaque post. Indiquez que le lien d'inscription est dans les commentaires pour faciliter la commande de billets.

- **Le mailing**

Transférez votre base de données vers le système IO. Rédigez ensuite un email dans la première semaine de la promotion de l'événement avec une annonce hypnotique. Des modèles sont présents pour vous faciliter la rédaction de l'e-mail. Vous pouvez analyser le taux d'ouverture et de clics avec cet outil d'email marketing.

Au cours de la deuxième semaine de promotion de l'événement, n'envoyez pas d'e-mail. Gardez-vous pour la troisième semaine de promotion en rappelant qu'il ne reste que 5 places pour participer à l'événement.

Envoyez l'e-mail d'accès à l'événement le matin même aux personnes inscrites.

- **Les invitations Link et Facebook**

Les événements Facebook et Link présentent une caractéristique très intéressante.
L'événement Facebook permet d'envoyer 500 invitations. Il n'y a pas de limite au nombre d'invitations que vous pouvez envoyer à un événement Linkedin. De plus, vous pouvez cibler par secteur d'activité, par zone géographique, par entreprises ou par formation.

Depuis votre ordinateur, l'envoi de ces invitations prendra moins d'une minute.

- **Les invitations partenaires**

Prévoyez une invitation pour vos partenaires les plus fidèles. Dites-leur qu'ils peuvent venir avec une ou deux personnes. Ces invitations de partenaires sont l'occasion de les fidéliser et de passer du temps de qualité avec eux.

Je vous recommande d'avoir 50 invitations sur vous chaque mois que vous distribuez en fonction de vos réunions mensuelles. Exemple : Invitez vos futurs clients ou partenaires lors des réunions que vous faites. Le pouvoir des invitations à BMW est magique et favorise les affaires derrière.

- **La promotion sur les réseaux**

Une belle promotion d'un événement dure sur trois semaines et demi. Voici ma recette magique pour promouvoir un événement.

Semaine 1

Mardi : Partage de l'événement sur tous mes réseaux + Mailing
Jeudi : Partage du sujet d'intervention ou portrait intervenant
Vendredi : Qu'allez-vous gagner en participant à l'événement

Semaine 2

Mardi : Présentation vidéo de l'événement
Jeudi : Promotion du lieu de l'événement
Vendredi : Quels résultats vont-ils obtenir en participant ?

Semaine 3

Mardi : Repartage de l'événement sur tous mes réseaux + Rappel Mailing
Jeudi : Présentation du menu de la soirée
Vendredi : Les surprises que vous prévoyez

Semaine J

Lundi : plus de places à l'événement
Jour J : Rappel de l'événement ou envoie du lien d'accès si l'événement est en ligne.

La promotion d'un événement, c'est 10 publications composées du visuel événement, de vidéo, de photos du lieux et des intervenants. Pour vous simplifier la tâche, ouvrez un tableau excel pour savoir ce que vous devez publier et sous quel format. Sur une page word, prévoyez l'ensemble des punchlines pour promouvoir votre événement.

- **Le réseau partenaire**

En impliquant un partenaire, non seulement vous le mettez en avant, mais vous attirez également sa communauté. Dites-leur qu'ils ont 5 à 10 invitations à faire à leur réseau. Ciblez les personnes qui ont déjà une bonne communauté à qui parler.
Ils seront le porte-drapeau de votre événement.
Tout le monde ne voudra pas prendre la parole, il vous faudra trouver de bons arguments et faire une bonne proposition.

- **Campagne Linkedin**

J'utilise l'outil ***Prospect in*** pour inviter par message à mes événements mes relations sur Linkedin. Cette extension vous permet de faire 100 invitations, 100 visites de profil ou d'envoyer 100 messages à vos contacts par jour. Le plan gratuit vous permet d'effectuer 15 actions par jour. Avec le plan payant à 25 euros ht par mois, vous avez droit à 100 actions par jour.
Cela représente 700 visites de profil par semaine ou 700 messages par semaine. Vous pouvez choisir de faire 350 visites de profil et 350 messages par semaine. Personnellement, je l'utilise pour promouvoir des articles à valeur ajoutée. Lors de mon premier salon professionnel, cette stratégie m'a permis de faire venir au moins 100 personnes.

Faites attention aux messages que vous envoyez.
Nous sommes tous habitués à être démarchés, alors envoyez le même type de message que vous aimeriez recevoir.

Petit plus, vous pouvez également exporter les emails de vos relations au premier degré.

Point de vigilance à avoir, Linkedin sanctionne de plus en plus de comptes qui utilisent des outils d'automatisation.

CHAPITRE 7
Proposer une offre irrésistible à votre réseau :
Celle que personne ne peut refuser.

Qui sont les leaders de votre marché et que proposent-ils de différents ?
Que désirent plus que tout vos clients ?
Comment faire connaître votre offre dans toute la ville ?

Voici les 3 questions qui vont permettre de créer une offre irrésistible qui se vend comme des pains aux chocolats.

Un peu de storytelling sur le lancement de mon club pour vous transmettre ma réflexion. Des clubs d'affaires, il y en a plein qui existent donc il fallait créer quelque chose de différent. C'est exactement ce que vous allez devoir faire pour créer la différence.

Qui sont les leaders de votre marché ?

Faîte vraiment une étude de marché de la concurrence jusqu'à l'analyse des mots-clés avec l'outil keyword planner. Les leaders sont souvent sur les premières pages googles et sont dans les premières pages google my business.

Ouvrez donc les 10 pages des premières entreprises du marchés et classez les de la manière suivante dans un tableau excel :

1. Nom de l'entreprise
2. Présence sur les réseaux sociaux
3. Autorité du site internet
4. Classement sur google et GMB
5. Avantage concurrentiel de l'offre de service
6. Les 3 avantages concurrentiels
7. Les 3 points à améliorer

Ces éléments permettent de définir qui sont les cibles à abattre professionnellement. Vous pouvez communiquer mieux qu'eux en étudiant leur stratégie de contenu. L'étude de leurs sites web transformera le vôtre en page de vente. C'est surtout l'étude de leurs offres de services qui vous aidera à créer la vôtre.
L'objectif est de faire une offre qui ne sera pas refusée car elle est meilleure et plus visible sur les différents réseaux.

Enfin, il est important de connaître les 3 forces et faiblesses de vos concurrents afin de les transformer en force pour votre entreprise. Vous deviendrez une machine de guerre en faisant des forces de vos concurrents les vôtres et en éliminant toutes leurs faiblesses.
Revenons à mon exemple qui m'a permis de créer un club d'affaires immobilier à Bordeaux, la ville aux 1000 réseaux.

Mes meilleurs concurrents étaient BNI et Les Entreprenants lorsque j'ai commencé. L'un est toujours en place et le sera pendant plusieurs siècles et l'autre a disparu du marché. C'est la réalité du marché et de l'entrepreneuriat malheureusement.

Les points forts de mes principaux concurrents sont les suivants:

L'âge du réseau : plus de 60 ans pour certains.
Autrement dit, une machine de guerre aussi puissante que les Etats-Unis.

Les outils de recommandation : une application pour compter les affaires
Une application qui vous permet de savoir combien de business vous m'avez apporté et combien je vous ai apporté. Les bons résultats sont le meilleur ami d'une entreprise.

Le process efficace du réseau d'affaires

Les réunions sont programmées avec un faible taux d'absentéisme pour optimiser les affaires. Il n'y a rien de plus important que le cadre.
Le chiffre d'affaires généré par les membres
Lorsque vous rejoignez le réseau, vous savez exactement combien d'affaires vous allez générer. En moyenne, c'est 40 000 euros de chiffre d'affaires par membre pour une adhésion de 1500 € ttc.
Il faudrait être fou pour refuser de rejoindre ces clubs d'affaires.

Le format ne plaît pas forcément à tout le monde

Personnellement, je fais partie des personnes qui aime se lever tôt le matin, donc une réunion de 7 à 9 heures, j'adore. Certains horaires ne conviennent pas à tout le monde. Il faut donc être capable de planifier des moments qui plaisent aux gens. Les déjeuners et les soirées sont des moments populaires pour le networking, j'ai donc proposé 2 événements mensuels, un déjeuner et un apéritif.
2 événements par mois pour créer un lien entre les membres.

- **Pas de rencontre direct avec les clients**

On organise donc des soirées thématiques en mettant en valeur un professionnel du réseau. On a fait des thématiques sur la construction, le financement ou encore sur le co-living.
L'idée était de faire venir le maximum de particuliers qui souhaitent investir avec un besoin d'accompagnement. Les professionnels du réseau peuvent ainsi développer un réseau de partenaires d'affaires et entrer en contact direct avec de potentiels clients.

- **Pas de club sectorisé**

Si vous ne concentrez pas vos forces dans un projet annuel, vous perdez en efficacité. Je l'ai appris trop tard mais le fait de réunir des professionnels qui ont le même type de clients facilite beaucoup de choses. Chacun des membres peut vous apporter des affaires et vous pouvez personnellement avoir besoin de leurs services car ils sont complémentaires aux vôtres.

- **Pas possible de créer une offre commune entre membres**

Nous avons fini par créer l'offre Clé Renta, qui est un accompagnement sur mesure pour investir. Tous les professionnels travaillent sur le même dossier, ce qui renforce les liens et assure des revenus récurrents.
Offrez plus que vos concurrents avec des services innovants ou en les intégrant dans un club de partenaires.

Les grandes marques de prêt-à-porter travaillent avec des clubs privés pour fidéliser leur clientèle, alors pourquoi pas vous ?

Ce livre n'a pas pour but de vendre mon club mais j'aime vous apporter un retour d'expérience qu'il soit bon ou mauvais. Nous allons maintenant jouer à un jeu pour vous aider à créer des offres irrésistibles.

Nous allons créer ensemble 3 offres irrésistibles dans 3 secteurs d'activité différents :

- la photographie
- la mode
- la restauration

Vous êtes photographe comme beaucoup d'acteurs sur le marché.

Avez-vous une spécialité ? Les photos de mariages, les événements d'entreprises ou les photos immobilières ?

Positionnez-vous alors sur une niche précise avec une offre qui n'existe pas sur le marché et qui vous permettra de vivre.
Au-delà de l'offre, il faut qu'elle soit rentable avant de vous lancer.
Il s'avère que vous aimez toujours l'immobilier et avez remarqué que la majorité des photos sur leboncoin et airbnb sont de mauvaise qualité. Ensuite, il y a un énorme marché entre la vente, la location et les séjours de courte durée.
Alors, vous tapez sur google photographe immobilier nantes par exemple. Vous regardez qui est dans le lieu et quelles sont ses offres. Certaines offres seront presque irrésistibles et d'autres pas du tout. Notez les points forts et ce qui manque.

Voici ce que j'aurais proposé pour me démarquer du marché si j'étais photographe :

- Des séances de photos professionnelles
- Capsule vidéo 4K
- Rédaction d'annonces hypnotiques
- Partage sur tous nos réseaux

L'offre est bien sûr un pack photo mais vous avez également une vidéo combinée dans l'offre. La rédaction des annonces est parfois un casse-tête pour les professionnels comme pour les particuliers donc nous pouvons vous faire gagner du temps.

La cerise sur le gâteau est de promouvoir toutes vos photos et vidéos sur nos réseaux sociaux suivis par des milliers de followers.
En effet, les comptes qui partagent des photos et vidéos de qualité génèrent beaucoup d'interactions !

Vous l'avez compris la cible de ces offres sont les professionnels de l'immobilier qui veulent louer plus cher, vendre plus cher et trouver de nouveaux clients grâce à ses éléments de communication qui valorisent leur activité.

A combien estimez-vous cette offre ?

Changeons un peu le secteur pour une fois ! J'ai toujours aimé la mode. Si j'avais le temps, j'organiserais la Bordeaux Fashion Week au stade MATMUT à Bordeaux.

Voici l'offre que je proposerais aux marques pour y exposer :

- Exposer pendant 2 jours dans un stade
- Défilé de mode de 30 minutes
- Intervention thématique de 30 minutes
- Accès à 6 Networking prestigieux de 500 personnes

Je mettrais à disposition des marques des mannequins et leur proposerais de faire un défilé de mode sur le bord de la pelouse devant 5 à 10 000 personnes.
C'est plutôt rare un défilé dans un stade et encore plus devant un tel nombre de personnes.
Je fixerai le tarif de base pour faire partie de cette aventure à
10 000 euros. Vous avez 30 Marques qui suivent votre aventure, vous réalisez 300 000 euros de chiffres d'affaires.
Il est important de proposer des services sur mesure aux entreprises pour qu'elles puissent générer du chiffre avant l'événement.

Voici l'offre que je proposerai aux participants :

Je proposerai 3 tarifs pour participer à l'événement mode de l'année. L'idée est de filtrer les gens qui participent à l'événement pour garantir un retour sur investissement aux marques.
Après tout, la Fashion Week est réservée à l'élite !

Voici l'offre de base :

- Accès sur 2 jours à l'événement
- Accès à 6 défilés de mode
- Replays de 6 interventions thématiques
- - 25 % sur toutes les pièces exposées
- une consommation offerte

L'offre intermédiaire serait composée de :

- L'offre de base
- 6 masterclass
- speed meeting avec des influenceurs, des coachs modes et les marques.
- Replay de 20h des masterclass
- + Accès au cocktail de clôture

L'offre la plus chère quant à elle comprend :

- L'accès aux défilés VIP
- L'accès aux conférences VIP
- L'accès à tous les Networking VIP
- Le replay de l'intégralité des masterclass et défilés

Je vous laisse faire les tarifs et compter l'argent que cela génère pour seulement 1000 participants.

Vous pouvez faire des offres irrésistibles dans tous les domaines et même combiner mode et événements. Si vous lancez la semaine de la mode dans votre livre. Je vous coacherai même personnellement pour en faire un succès.

J'imagine que vous aimez manger, c'est même l'une de vos grandes passions.

Le secteur de la restauration est ultra concurrentiel et il faut vraiment avoir des reins solides pour réussir dans le domaine.
Je vais partager avec vous la succèss story de personnes que j'ai rencontré dans des afterworks. La personne en question avait beaucoup voyagé à l'étranger. Je l'ai rencontré pour la première fois en 2017, il a ouvert son premier restaurant en 2019. Depuis, il en a plus de 5 en propre, 3 à Bordeaux, 2 à Paris et un à Nantes.
Certes, il a mis plus de 2 ans à lancer son premier établissement mais il avait une vision et une offre irrésistible !

Il est l'un des pionniers à avoir implanté les pokébowls à Bordeaux. Il a eu la chance de s'associer avec la bonne personne qui avait de l'expérience chez sushi shop.

Voici les éléments qui ont fait leur réussite :

- **un produit qualitatif**

Ils sont les seuls acteurs du marché à proposer à la fois des sushis burritos et des pokebowls. Ça permet de varier les plaisirs pour toucher des publics différents. Les produits sont frais et vraiment bien sélectionnés.

- **Un produit gourmand**

La grande problématique de la restauration rapide est que l'on a toujours faim après. C'est peut être propre aux gourmands comme moi… De nature gourmande, je suis entièrement satisfait de la quantité proposée. C'est un facteur déterminant de fidélité !

- **Un service rapide avec un accueil agréable**

La déco du restaurant est originale avec une équipe très sympathique qui vous accueille avec grand plaisir.
Le service est millimétré pour que vous soyez servi rapidement aussi bien à la fois sur place ou en livraison.

- **Une communication soignée**

En regardant le insta du restaurant qui cumule 12 000 abonnés, vous allez découvrir une explosion gustative en regardant la qualité des photos et la présentation des plats. Ils proposent des offres irrésistibles comme 1 poké acheté = 1 poké offert et de nombreux jeux concours. Si vous souhaitez lancer un restaurant ou vous êtes tout simplement curieux de découvrir l'établissement. Je mettrais le nom du restaurant dans les adresses à la fin du livre.

- **Des surprises en livraison**

L'établissement offre quelques Schoko-Bons dans les commandes en livraisons. La surprise, vous mangez un excellent poké bowl en prime vous avez une petite dose de sucré. Surprendre vos clients ou futurs partenaires d'affaires avec des petites attentions vous rendra irrésistible.

Pour clôturer cette partie gourmande, voici quelques chiffres.
L'ouverture du premier restaurant s'estimait à 160 000 euros.
En 9 mois d'exploitation après l'ouverture, le restaurant générait 700 000 euros de chiffre d'affaires pour un loyer de moins de 1000 euros.
C'est ce qu'on appelle récolter les fruits d'une offre irrésistible.

Une offre irrésistible se décompose de la manière suivante peu importe votre secteur d'activité !

Il comprend au moins 4 services pour être presque parfait.

- **Le premier service est celui que tout le monde propose.**

Après avoir étudié vos concurrents, vous sélectionnez un service ou une offre qui semble être le meilleur du marché. Vous mettez en avant l'élément essentiel de ce service. Pour faire mieux que les leaders, vous faites une description plus détaillée en vous concentrant sur le suivi personnalisé ou en y ajoutant plus d'éléments.

Ce service doit être meilleur que tous les autres acteurs même si le montant de l'offre est plus élevé que les autres, vous filtrez par la même occasion les clients que vous ciblez.

Privilégiez toujours les services haut de gamme pour avoir le meilleur éventail de clients.

Pour mémoire, j'ai commencé avec des offres allant de 10 à 30 euros par mois. Cela m'a fait beaucoup de mal en attirant les moins bons profils.

Aujourd'hui, je ne propose plus d'adhésion en dessous de 970 euros l'année pour les particuliers et 1500 euros ht pour les professionnels. Ne vous dévalorisez jamais par rapport aux services que vous offrez. D'ailleurs, il vaut mieux trouver 10 clients à 1000 euros que 100 clients à 100 euros.

- **Le deuxième service est celui qui apporte le plus de valeur à votre offre car personne ne le propose combiné au premier.**

C'est le plus qui rendra votre offre vraiment compétitive par rapport aux autres. Je pourrais prendre tellement d'exemples mais gardez en tête le combo photo et vidéo. Si nous prenons comme exemple une profession réglementée pour toute création d'entreprise, j'ajouterais soit la rédaction d'un contrat d'apporteur d'affaires, soit les conditions générales de vente. Pour obtenir les meilleurs retours, proposez-en plus que les autres.

- **Le troisième service apporte réellement un avantage à votre client.**

Cet élément peut être l'accès à des événements privés, des tarifs avec vos partenaires. Faire partie d'un club privé est toujours recherché et vous rend encore plus attractif. Imaginez que vous êtes un notaire, vous pouvez inviter vos partenaires tous les 2 mois à un cocktail dans votre bureau. Vous pouvez inviter un acteur par profession afin de promouvoir les échanges commerciaux entre les invités.

Lorsque vous offrez de bons vins et des occasions de changer le quotidien de quelqu'un, c'est là que vous ajoutez le plus de valeur.

- **Le quatrième service est la cerise sur le gâteau qui incitera à l'action.**

Mettez-vous vraiment à la place de votre futur client !

Qu'est-ce qui déclencherait un achat compulsif ? Qu'est-ce qui le pousserait à acheter quel que soit le prix ? Pour vous aider à trouver votre pépite de service, prenez 3 de vos entreprises préférées et demandez-vous ce qui vous pousse le plus à consommer chez elles.

Ou bien, prenez l'exemple de l'iPhone que certaines personnes achètent chaque année alors qu'elles ont la version de l'année précédente. Qu'est-ce qui déclenche la dépense de 1500 euros chaque année pour le nouvel Iphone ?
Votre offre de service doit être aussi séduisante que le nouvel Iphone. Après tout, vous êtes bien le nouveau ou la nouvelle Steve Jobs de votre secteur ?

Vous savez comment créer une offre qui se vendra de A à Z.
Vous savez comment établir des prix qui faciliteront la vente. Ensuite, vous devez promouvoir votre offre pour que le public la connaisse. C'est bien beau d'avoir la meilleure offre, mais il faut que toute la ville le sache !

Comment définir un pricing attractif pour vendre plus facilement ?

Votre offre doit être un peu plus chère que le marché mais avec 3 services supplémentaires par rapport aux autres acteurs.

Imaginons que vous soyez un coach d'entreprise et que le prix moyen du marché soit de 1000 euros. Vous pourriez proposer une offre de 1500 euros comprenant :

- Le service de coaching que tous les autres proposent.
- 20 heures de formation en ligne pour développer l'activité du client
- L'accès à 3 événements de réseautage par an
- L'accès à votre Premium Coach Club avec une réduction de 10% sur tous les services partenaires.
- Vous pouvez proposer l'option CPF pour 2000 euros afin d'augmenter le taux de transformation. 20% du service sera reversé au CPF en retour. Les paiements sont effectués 3 mois après le paiement par le client.

N'hésitez pas à augmenter le prix de votre formation ou coaching en raison de ses contreparties.

Même si votre offre de service est plus chère que le marché, vous offrez beaucoup plus de valeur. Vous offrez une meilleure expérience client tout en restant sur notre thème du networking avec l'organisation d'événements.

Comment promouvoir votre offre dans la ville ?

Les leaders du marché ne sont pas ceux qui offrent les meilleurs services. Ils sont devenus les leaders du secteur parce qu'ils communiquent mieux et plus que les autres. C'est encore plus important que l'offre elle-même. Combien d'entreprises vendent plus que vous alors que leur service est loin d'être meilleur ?

Je me suis posé la même question quand j'étais plus jeune.
Pourquoi les autres réussissent-ils et pas moi, alors que c'est ce que je voulais le plus. La réponse était simple, je ne savais pas comment créer une entreprise, faire une offre et ne pas communiquer.

C'est le cas de beaucoup d'entrepreneurs ou de vendeurs en réalité. On ne nous donne pas toutes les clés pour réussir que ce soit à l'école ou dans certaines entreprises. Alors gagnons du temps ensemble pour réussir à accélérer le processus. Vous avez la meilleure offre du marché, maintenant communiquons-la efficacement.

- **Parlez-en en privé à 100 personnes de votre entourage.**

Votre réseau primaire sera le premier à vous encourager dans le lancement de votre nouvelle offre. Ce n'est pas toujours le cas dans la vie réelle, mais il est nécessaire d'améliorer votre réseau primaire. Il s'agit de votre famille, de vos amis proches, de vos partenaires de sport ou de danse, de vos partenaires commerciaux ou de vos collaborateurs. Envoyez-leur un message sympathique sans essayer de leur vendre votre offre. Voici le type de message que vous pouvez leur envoyer.

Exemple :

Bonjour, j'espère que vous allez bien ?
Je prévois de lancer une nouvelle offre prochainement et j'aimerais avoir votre avis sur celle-ci. N'hésitez pas à me donner votre avis, qu'il soit positif ou négatif. J'aimerais savoir si ce service pourrait être populaire lorsque je le lancerai.
Merci d'avance.

- **Prévoyez un pré-lancement sur vos différents réseaux**

Prévoyez un pré-lancement de 48 heures ou un nombre limité de personnes pouvant y accéder. L'idée est d'offrir un tarif réduit pendant une courte période ainsi qu'un petit cadeau à ceux qui s'inscrivent en premier.

Vous pouvez préciser que les personnes qui partagent l'offre et commentent seront éligibles pour gagner votre nouveau service ou des billets d'avion lors d'un tirage au sort.

- **Présentez votre offre à vos clients par courrier électronique**

Vos clients sont satisfaits de vos services, ils souhaitent vous recommander à leurs réseaux respectifs, offrez-leur l'opportunité de découvrir et de parler de votre nouvelle offre.

Plutôt que vouloir leur vendre directement votre nouvelle prestation, proposez leur de gagner un week-end à Biarritz s' ils vous recommandent. Choisissez un cadeau selon le montant de votre service.

Ps : profitez en pour les inviter à la soirée de lancement que nous verrons dans le point 10.

- **Partagez-la avec votre réseau de partenaires**

Vos partenaires seront fiers de partager votre nouvelle offre par e-mail, surtout s'ils reçoivent une contribution commerciale sur chaque vente du service. Vous avez un réseau de 20 partenaires avec une base de données de 200 personnes chacun.
L'annonce de votre offre touchera au moins 1000 personnes ce qui n'est pas négligeable pour un lancement.

- **Communiquez pendant 1 mois sur l'offre**

Ne submergez pas votre communauté avec la promotion de votre offre mais communiquez intelligemment :

- 1 visuel de votre nouvelle offre
- 1 page de vente de la nouvelle offre
- 1 vidéo
- 1 article
- Les avantages de la nouvelle offre
- Le visuel de l'événement de lancement de votre offre
- Créez un article sur votre site pour la présenter

Écrivez votre nouvelle offre avec votre cœur, en expliquant en détail en quoi elle consiste. Pourquoi avez-vous créé cette offre ?
À qui s'adresse cette offre ? Quels résultats les clients obtiendront-ils grâce à cette offre ? Placez la vidéo de présentation de l'offre à la fin de celle-ci, accompagnée d'un appel à l'action.

- **Tourner une vidéo diffusée en automatique**

Combiné publicité payante si votre activité vous le permet et vidéo de qualité. La vidéo est l'élément qui vous démarque le plus de la mêlée ! Vous pouvez réaliser 12 capsules vidéos pour seulement 1200 euros ce qui fait 3 mois de contenu vidéo à partager. Elle peut aussi bien devenir votre vidéo officielle par la suite.

- **Imprimez votre offre sous forme de brochure**

Faites imprimer 1000 exemplaires de votre nouvelle offre.
Exposez-la dans les bureaux de vos partenaires en leur donnant un trépied pour la poser sur leur bureau ou dans leur salle d'attente.
Chez les médecins et les notaires, vous en trouverez beaucoup, alors pourquoi pas la vôtre. Mettez sur la brochure que le client bénéficie de 10% grâce à cette brochure et récompensez votre partenaire à chaque vente avec 10% du montant de la prestation.

- **Organisez une soirée de lancement de votre offre**

On en revient toujours à l'événement, le réseau c'est des rencontres. Votre réseau veut votre succès, alors pour votre soirée de lancement. Vous réussirez facilement à réunir 100 personnes. Au moins 5 personnes présentes deviendront des clients à l'issue de la soirée. Donc le seul but de cet événement est de faire plaisir à vos invités pour qu'ils parlent de vous et de votre offre à un maximum de personnes.

Vous avez hâte de découvrir vos offres irrésistibles inonder les réseaux sociaux. Pensez à créer une offre aussi célèbre que Beyoncé!

CHAPITRE 8.

Devenez le leader de votre secteur : prenez le leadership sur votre ville

Pensez-vous avoir le syndrome de l'imposteur ? Vous pensez que vous n'avez pas les épaules pour être un leader ?

Tout le monde peut devenir un leader ! C'est une question de volonté et de stratégie.
Tout d'abord, pourquoi devenir le leader de votre secteur devrait-il vous ouvrir toutes les opportunités dont vous avez rêvé ?

Le leader est celui que vous voulez devenir et avoir dans votre réseau. Il a un pouvoir d'influence qui lui permet de déplacer les foules et les ventes. Certains de ces leaders utilisent leur image pour vendre des produits. La famille Kardashian est devenue l'une des familles les plus influentes des États-Unis. Au-delà du milliard d'abonnés sur leurs différents réseaux, ils utilisent leur influence pour développer leurs affaires. La plus jeune, elle est même rachetée par la société Coty pour 600 millions d'euros. Sa grande sœur Kim a été rachetée par la même entreprise pour 400 millions d'euros. Quand on parle de cette famille, on a l'image de la télé-réalité mais le vrai business de cette famille sont les cosmétiques et le prêt-à-porter. Ils utilisent leurs millions d'abonnés pour vendre des produits, c'est pourquoi vous devez vous faire une marque !

Prenons un autre exemple d'un ancien catcheur qui se lance dans les affaires. Dwayne Johnson était connu dans les années 2000 comme une star de la WWE. The Rock bénéficiait d'un grand capital sympathie grâce à ses performances de lutteur. Aux Etats-Unis, le catch est très populaire et de nombreux catcheurs se sont tournés vers le cinéma, comme Dave Batista ou John Cena. On a souvent tendance à discréditer ces sportifs car tout est scénarisé. Néanmoins, ils ont une fanbase qui est parfois plus importante que celle de certains acteurs.

The Rock est devenu 3 fois l'acteur le plus bankable de la planète ! C'est presque un exploit quand on sait que sa carrière est née d'une reconversion professionnelle. Pourquoi parvient-il à générer autant d'argent avec ses films ? Tout simplement parce qu'il fait de la promotion comme aucun autre acteur.

En effet, il fait partie des acteurs qui ont 200 millions de fans sur Insta. Il fait partie des 10 personnes les plus populaires au monde. Sa popularité lui est favorable pour vendre sa marque de boissons énergisantes. Son image booste son business, plus il fait de films, plus il gagne des abonnés qui ne demandent qu'à consommer.
Il a tellement d'influence qu'il pourrait devenir un jour président des États-Unis.

D'autres acteurs ont réussi à se lancer en politique, Arnold Schwarzenegger est devenu gouverneur de Californie. Rappelons que c'est l'Etat le plus riche des Etats-Unis. Jimmy Carter avant d'être Président des États-Unis était un homme à succès. Sa popularité et l'utilisation de son leadership lui ont ouvert les portes de la maison blanche.

Je vais vous donner l'exemple d'un Français pour illustrer le pouvoir de l'image. Prenons l'exemple de l'agent immobilier le plus célèbre de France. Il s'est fait connaître grâce à une émission sur M6.
Vous voyez de qui je parle ?

Grâce à sa popularité, il a pu développer une franchise d'agence immobilière présente partout en France. Son capital sympathie lui ouvre plus facilement les portes. Nous avons de nombreux exemples d'entrepreneurs qui ont ce type d'influence.

Prenons l'exemple d'un des plus grands entrepreneurs français du 21ème siècle : Xavier Niel. Il a pris les devants grâce aux projets audacieux qu'il a mis en place. En effet, il est entré dans l'arène des opérateurs mobiles pour casser les codes avec une offre irrésistible, un forfait pour 2 euros et un autre illimité pour 20 euros.
C'était osé quand on connaît le poids du lobbying dans ce secteur.
Il ne s'est pas arrêté là, il a lancé Station F qui est le plus grand incubateur de start-up en France. Il a également fondé l'école 42, qui forme les futures stars de l'informatique de demain. Il impose son leadership en lançant des projets ambitieux et innovants.

Bien que je vous ai donné l'exemple des influenceurs, des acteurs et des entrepreneurs. Le leadership peut s'acquérir simplement par l'expertise que vous apportez à votre communauté.

Le partage de votre expertise peut se faire de plusieurs façons :

- Conduire une formation qualitative
- Écrire un livre
- Organiser des événements
- Avoir une chaîne Youtube thématique

Votre expertise peut faire de vous une autorité de facto dans votre domaine. C'est ce leader qui peut rassembler des milliers de personnes pour une cause ou un projet. En revanche, si vous n'utilisez que votre image d'Apollon ou de Vénus sans apporter de valeur à votre communauté, vous finirez par perdre votre leadership et votre crédibilité.

Vous devriez être considéré comme le numéro un, le leader et l'expert de votre secteur. À mon avis, c'est votre expertise que vous mettrez en valeur qui doublera vos ventes !

Les 5 règles d’or pour devenir un leader

J'aime parler de règles d'or car j'ai toujours su en moi que j'avais une mission à accomplir. En regardant le film Scarface, la phrase de Tony Montana m'a vraiment touché : "J'ai les mains dans la merde alors qu'elles sont faites pour l'or" ! Cette phrase était typique de la situation dans laquelle je vivais, finalement mes mains n'étaient pas dans la rue, elles étaient dans la rue. Je vais vous expliquer ma méthode pour devenir LE leader de demain sans le vouloir.

Je ne me considère pas comme un leader même si beaucoup de personnes savent qui je suis ou connaissent mon club. Ce n'est pas mon but cependant, les actions que vous allez entreprendre vous feront briller à votre plus grande surprise. Lorsque les gens vous connaissent alors que vous ne les connaissez pas du tout, vous êtes sur la bonne voie. Ne tombez pas dans le vice de vouloir être connu par-dessus tout ou que le succès vous corrompe.
Essayez de rester vous-même afin de ne pas prendre la grosse tête. Le pouvoir que vous obtiendrez par vos actions doit servir le bien de votre famille, de votre communauté. Vous connaissez probablement des personnes dont le succès leur est monté à la tête avec des effets négatifs sur leur vie familiale, leurs amis ou même leurs fans.
Je pars du principe que le succès doit être utile à ceux qui vous suivent et qui vous ont permis de réussir. Assez tourné autour du pot, découvrez comment même un sans-abri peut devenir un entrepreneur à succès. Ces règles d'or du leader sans abri, vous serviront dans votre vie quotidienne pour devenir un leader !

Règle Numéro 1 : Apprenez à tout perdre

La meilleure façon de gagner est de perdre. On peut perdre de l'argent, l'amour de sa vie et même son toit. Avant de réussir, vous connaîtrez l'échec, mais sachez que ceux qui sont parvenus au sommet ont connu bien plus d'échecs que nous. En prenant des coups, notre corps et notre esprit deviennent plus forts. Cette partie ne sera pas la plus agréable mais l'une des plus importantes pour apprendre à gagner même dans la défaite.

Quelles sont les 3 choses les plus importantes que vous avez perdues ?
Quelles actions allez-vous mettre en place pour contre-attaquer ?

Je vais vous servir d'exemple pour que vous puissiez vous en inspirer pour faire l'exercice.

Voici ma situation à la fin du mois d'août 2018 : j'ai perdu ma femme et je n'avais pas de travail. J'avais seulement le projet de créer mon club immobilier. On peut dire que 2018 n'a pas été une année réussie.
Je me suis retrouvé sans les trois besoins primaires pour vivre dignement : pas de toit, pas de source de revenus, pas de partenaire. Qu'auriez-vous fait à ma place ? Demander à des amis de vous héberger ou retourner vivre chez vos parents ? Je considérais comme une humiliation le fait de demander de l'aide à des amis ou à la famille. Pour moi, il est honteux de demander de l'argent à ses parents. Cela signifierait que j'ai échoué dans ma vie.

Dans mon malheur, j'avais une voiture qui m'a servi de maison pendant presque 2 ans. Oui, trouver un endroit pour vivre sans contrat permanent est presque impossible.

Cette expérience m'a rendu beaucoup plus fort car je n'avais pas le choix. Si je voulais survivre, je devais travailler et gagner de l'argent. Sinon, c'était la fin pour moi.
Pour réussir, imaginez-vous sans endroit où vivre, sans argent et sans personne.

Voici les actions que j'ai mises en place pour survivre :

- Ne pas m'occuper de mon problème de logement
- Développer mon entreprise comme si rien ne s'était passé
- Trouver un bureau pour travailler efficacement

Même si cette expérience n'avait rien d'exceptionnel, elle offre de grandes opportunités. Quand vous avez froid, quand vous avez faim, quand vous n'avez rien, vous n'avez qu'une seule solution : réussir ou mourir.

À partir du moment où votre état d'esprit se met en position d'inconfort, vous découvrez que votre potentiel est illimité. Encore plus lorsque votre famille dépend de vous.

En face de vos 3 plus grosses pertes mettez en place des actions pour sortir victorieux de ces épreuves.

Règle Numéro 2 : Créer une routine de champion

Le succès est une question de choix. Certaines personnes passent leurs week-ends à jouer à des jeux vidéo et à se droguer dans leur chambre, d'autres écrivent des livres. Il n'y a pas de jugement de valeur selon lequel tout le monde mérite de réussir. Cette anecdote tirée de mon expérience en colocation était tellement drôle que je suis obligé de la ressortir. Recommençons car je ne suis pas encore sorti d'affaire dans le déroulement de l'histoire.

La première question que vous devez vous poser concerne l'hygiène. Je vous rassure, je prenais même des douches deux fois par jour, pas dans ma voiture ni dans les bois.

Sans routine, on ne devient pas un leader. Vos routines déterminent qui vous voulez vraiment être. Dans mon cas, ma routine était la suivante :

- **Me réveiller entre 5 et 6 heures du matin.**

Par nécessité, je n'allais pas rester debout jusqu'à 8 heures dans ma voiture pour que les gens me voient dans cette situation.

- **Arrivé au bureau pour la première douche entre 6 et 7 heures du matin**

J'ai eu l'opportunité de devenir un coworker dans un nouvel espace de coworking chic accessible 24h/24 et 7j/7 qui disposait d'une douche. Vu ma situation, il fallait absolument que je prenne une douche.

- **Production de contenu de 7h30 à 12h**

- **Le sport au déjeuner**

Si je n'avais pas fait de sport dans ma vie, je n'aurais pas eu l'énergie de me lancer dans cette aventure. En plus, j'avais droit à une deuxième douche de la journée. Au-delà du réseau, être membre d'une salle de sport peut vous apporter une hygiène irréprochable.

- **Les rendez-vous de l'après-midi**

Je consacre mes après-midis à la prise de rendez-vous. Ne prenez que des rendez-vous qui génèrent du business pour vous.

- **Formations et la soirée cinéma**

Je pouvais rejoindre ma voiture qu'entre 23h et minuit.
J'ai donc passé mes soirées à me former. J'ai également pris un abonnement à UGC en illimité pour 20 euros par mois afin de ne pas rentrer trop tôt.

- **Retour dans la voiture**

Après une journée de travail, le sommeil est une récompense, peu importe où vous dormez.

Pour résumer la journée d'un aspirant leader :

- Levez-vous plus tôt que le reste du monde.
- Construisez un corps à la hauteur de vos ambitions.
- Travaillez efficacement sans perdre de temps.
- Continuez à vous former pour garder une longueur d'avance.
- Vous pouvez utiliser ce temps pour mettre en œuvre un plan d'action qui génère 5 sources de revenus différentes.

Enfin, vivez votre passion au moins une fois par jour. La mienne est le cinéma, même si je m'y endors parfois.

Règle numéro 3 : Devenir l'objet de tous les désirs

Cette règle d'or, j'aurais dû la connaître bien avant, elle m'aurait évité bien des déceptions. Il n'y a rien de plus frustrant que d'être désiré par personne.

Cette règle fonctionne aussi bien pour les affaires que pour les relations amoureuses. Vous deviendrez la personne qui brille et sera convoitée !

Pour ce faire, vous devez savoir ce que veut votre public et l'image joue un grand rôle dans notre société de consommation.
Un chef d'entreprise ou un vendeur doit toujours être impeccable car cela inspire confiance.

Prenons encore mon histoire comme cobaye de cette règle d'or.

Voici qui j'étais sur un papier pour être tout à fait honnête :

- un sans-abri
- en surpoids
- aucun style vestimentaire
- pas toujours rasé et coiffé
- une tête de noeud pas très ouverte
- qui ne connaissait que des échecs professionnels

Vu comme ça, j'ai eu la chance d'avoir inspiré confiance à mes premiers clients.
Maintenant, transformons cet élément en un objet de désir pour le public.

Un chef d'entreprise qui réussit :

- 2 heures de sport par jour pour devenir ultra sexy
- Aller chez le coiffeur et le barbier deux fois par mois
- Faire appel à un coach en image pour avoir du style
- S'ouvrir aux autres
- Vos échecs deviennent des succès

Vous êtes irrésistible tant que vous êtes irrésistible pour vous-même. Si vous vous convainquez vous-même, vous convaincrez les autres. La première personne qui vous aimera toujours et vous mènera au sommet, c'est vous-même.

Règle numéro 4 : Communiquer comme un leader

Oubliez vos histoires ou vos photos dans une Ferrari. Vous ne ferez que faire fantasmer les personnes faibles d'esprit avec ce type de communication. Ce positionnement de vendeur de rêve vous desservira plutôt qu'autre chose. Surtout si derrière, vous ne vendez rien. Quelqu'un qui n'est pas satisfait de vous sera heureux de vous descendre.

Si vous tenez un tant soit peu à votre image, soyez une personnalité influente par votre expertise, par la source d'inspiration que vous êtes ou par les projets que vous lancez.
Je vais prendre le pouvoir d'influence de l'un des hommes les plus riches de la planète. Un seul tweet de cette personne fait baisser ou monter le cours de certaines crypto-monnaies. En effet, le fondateur de Tesla et de Space X est l'un des plus grands influenceurs de notre époque grâce à sa vision et à ses réseaux. Quelles étaient les chances qu'il réussisse sur des marchés aussi concurrentiels que les voitures électriques et la conquête spatiale.

Si vous deviez vous inspirer d'un entrepreneur, étudiez comment Elon communique. Lisez ces livres pour découvrir comment il transforme l'échec en succès.

Vous n'êtes pas obligé de publier tous les jours car plus vous êtes rare, plus votre valeur augmente. Plus votre contenu est pertinent, plus vous attirez les clients.

Un vrai leader inspire sa communauté, alors créez votre propre citation ou punchline. Vous n'avez pas besoin de préciser que la pensée est la vôtre.

Néanmoins, vous pouvez en faire un visuel de classe avec la citation qui change chaque semaine.

Un leader apporte des solutions réelles aux problèmes qui affectent sa communauté. Répondez simplement aux questions de vos clients. Tout le monde a besoin de savoir que vous êtes heureux de répondre aux questions que chacun se pose.

Ils transmettent leurs pensées par écrit sous la forme d'articles ou de livres. Vous devez laisser une trace dans l'histoire en tant que leader. L'écriture vous donne des lecteurs qui apprécient votre contenu.
Les lecteurs deviennent des clients si vous leur apportez une valeur ajoutée.

Le leader s'exprime très bien en public et en vidéo. Être sous les feux de la rampe n'est pas la chose la plus facile à faire. Il existe de nombreux cours de formation ou livres sur la façon de devenir éloquent. Ces éléments, vous permettent réellement de passer du TOP 1000 au TOP 10 dans votre secteur.

Les leaders ne sont pas ceux qui se montrent le plus.
Vous ne voyez pas l'homme le plus riche de France poser sur le tapis rouge. Il utilise son image pour soutenir des fondations en montrant qu'il est le numéro un.

Apportez plutôt de la force à vos partenaires en organisant une séance photo avec un photographe professionnel. Ne partagez qu'une seule image par mois de vous accompagné ou seul, mais elle doit vous montrer sous votre meilleur jour.

Règle numéro 5 : Lancer des projets ambitieux

On ne se souvient que des personnes ambitieuses.
L'idée n'est pas de lancer des projets que vous ne pourrez pas réaliser. Seulement des actions réfléchies qui feront de vous un acteur majeur du changement.Il existe de nombreuses façons de lancer des projets ambitieux. Il peut s'agir d'un salon professionnel ayant une influence nationale ou d'une fondation qui aide les plus pauvres. Tout dépend de ce que vous avez dans le cœur. Au fond de mon cœur, je veux lutter contre la famine.
Le meilleur moyen que j'ai trouvé est de créer des entreprises et des richesses. Elles créeront des emplois qui permettront aux familles d'être logées et nourries correctement. Pour cela, il faut créer beaucoup d'emplois et casser les codes de la production alimentaire. Même si je ne peux pas vaincre la famine à moi tout seul, j'aurai créé un mouvement et surtout trouvé un objectif dans ma vie qui me donne envie de réussir. Cette mission est tellement importante pour moi que je ne peux pas me permettre d'échouer.

Quelle est la mission qui sommeille en vous ?

La frontière entre la folie et le génie n'est en fait que le courage de lancer des projets ambitieux. Ils doivent être votre carburant pour réussir dans tout ce que vous entreprenez. En menant des projets ambitieux, vous construisez une armée de personnes qui partagent la même vision mais qui ont besoin d'un leader.
L'un de mes secrets pour continuer à me battre est de m'inspirer des grands leaders d'hier et d'aujourd'hui pour agir comme eux. Alexandre le Grand, Spartacus et Malcolm X sont des exemples que je suis pour atteindre mon objectif de vie.

Quelles sont vos plus grandes inspirations ?

Lisez des livres qui retracent leurs parcours pour écrire vos propres exploits. Le monde attend ses futurs leaders dont vous ferez partie.
Le choix vous appartient. Nous sommes tous d'accord pour dire que les leaders trouvent plus facilement des clients et des partenaires que les autres.

Votre plan d'action pour être un nouveau leader

Étape 1 : Imaginez que vous avez une dette d'un million d'euros et que personne ne peut vous aider.

Vous ne pouvez plus utiliser votre carte de crédit car elle est bloquée. Enfin, vous devez rembourser 100 000 euros en une seule fois à la fin du mois.

- Quelles solutions allez-vous trouver ?
- Comment allez-vous gagner de l'argent honnêtement en si peu de temps ?
- Quelle est votre source de motivation en ce moment ?

Étape 2 : Votre routine pour rembourser la dette d'un million de dollars

- A quelle heure allez-vous vous lever et vous coucher ?
- Comment organisez-vous votre journée ?
- Qu'allez-vous apprendre pour réussir avant la fin du mois ?

Étape 3 : En plus de votre dette, vous pesez 200 kilos et personne ne veut s'approcher de vous.

- Que ferez-vous pour vous transformer en prince ou en princesse ?
- Quelles sont les choses qui augmenteront votre valeur ?
- Pourquoi votre communauté peut-elle avoir confiance en vous ?

Étape 4 : Communiquez malgré vos soucis

- Comment allez-vous communiquer malgré vos dettes ?
- Qu'allez-vous apporter à votre communauté pendant un mois ?
- Quelles sont vos 5 stratégies d'acquisition de clients ?

Étape 5 : Lancer un projet ambitieux dans l'année

- Quel projet majeur pourrez-vous lancer avec moins de 1000 euros ?
- Qu'apporte-t-il concrètement à votre communauté ?
- Comment vous sentez-vous après l'avoir réalisé ?

CHAPITRE 9

Automatisez vos recommandations :

Fidélisez avec un programme de parrainage

La meilleure façon de se développer est d'obtenir des recommandations de la part de vos clients et partenaires.
C'est l'une des premières choses auxquelles vous devez penser lorsque vous automatisez les recommandations. Toutes les grandes entreprises mettent en place un programme de parrainage pour encourager les parrainages.

Pourquoi avoir un programme de parrainage peut être ultra rentable ?

Vous avez 10 clients vraiment satisfaits de vos services. Ils veulent vous recommander mais ne savent pas forcément comment s'y prendre et surtout ce qu'ils y gagnent. En mettant en place un super programme de parrainage, vous pouvez viser 5 parrainages par client. Ainsi, vous commencez l'année avec 10 clients et la terminez avec 60 clients grâce aux recommandations.

Quelles sont les raisons qui les poussent à vous recommander ?

L'argent, les remises et les cadeaux facilitent souvent le passage à la recommandation. En fait, vous devez leur faciliter la vie avec votre programme 135 !

Stratégie 1 : Le programme 135

Le programme 135 consiste à récompenser la personne qui vous recommande une autre personne en lui offrant un cadeau. Si elle vous recommande 2 autres personnes, elle reçoit un cadeau de plus grande valeur. Ensuite, la dernière étape consiste à vous apporter 2 autres clients. Elle vous aura recommandé au moins 1 mois sur 2 dans l'année, ce qui est largement faisable avec une bonne motivation.

Comment choisir les cadeaux qui vont motiver vos clients ?

Les gens apprécient 3 choses en particulier : aller au restaurant, vivre des expériences uniques et voyager.

- **La première étape est une recommandation** :

vous pouvez offrir un repas pour 2 personnes dans leur restaurant préféré. Offrir un restaurant, c'est bien, mais c'est encore mieux quand c'est le préféré de votre client. Vous connaissez déjà son restaurant préféré pour l'y inviter en fin d'année ou en début d'année pour lui souhaiter ses vœux. Connaître le restaurant préféré de quelqu'un vous rapproche vraiment de cette personne. D'où l'expression "savoir, c'est pouvoir". Votre pouvoir est de connaître les désirs et les plaisirs de vos relations. Imaginez que vous puissiez rendre heureux tous ceux qui vous entourent. N'est-ce pas un sentiment de toute-puissance ?

- **Deuxième étape, la personne a réussi à vous apporter 3 choses.**

Ce n'est pas une mince affaire et cela va grandement faciliter votre acquisition de nouveaux clients. Maintenant, vous devez sortir un plus gros jeu de cartes. Vous pouvez offrir comme récompense 2 places pour une journée dans un SPA haut de gamme ou 4 places pour aller à Disneyland Paris dont 2 places pour les enfants (le parc Astérix est aussi très bien). Vous pensez au bien-être des personnes qui vous recommandent mais vous souhaitez qu'elles passent un bon moment en famille. Ils n'oublieront pas ce geste de sitôt.

- **Ultime étape, ils vous recommandent 5 fois par an alors déroulez le tapis rouge.**

Sortez la carte de week-end à l'étranger ou la carte de nuitée dans le plus bel hôtel de votre ville. Lorsque vous allez présenter le programme de parrainage, ils doivent avoir des étoiles dans les yeux lorsqu'ils découvrent la dernière récompense. C'est le cadeau qui les incitera à vous recommander pour atteindre le Saint Graal :
le voyage ou la nuit dans l'hôtel de leurs rêves.

Maintenant que vous avez quelques idées de cadeaux pour votre programme de parrainage. Vous devez faire attention à ne pas casser la banque ou être trop économe avec la valeur des cadeaux.

Comment faire un programme de parrainage rentable ?

Nous allons prendre 2 exemples pour illustrer la rentabilité d'un programme.

Exemple 1 : Votre recommandation moyenne vous rapporte 500 euros

Une recommandation génère 500 euros. Avec 3 recommandations, vous générez 1500 euros de ventes. Enfin, 5 recommandations vous rapportent 2500 euros.
1 personne recommandée = vous offrez un restaurant d'une valeur de 60 euros
3 personnes recommandées = vous offrez 2 places dans un SPA d'une valeur de 100 euros
5 personnes recommandées = vous offrez une nuit dans un bel hôtel d'une valeur de 340 euros.
Vous avez offert 500 euros de cadeaux pour 2500 revenus générés, soit 20% des revenus générés que vous reversez pour remercier vos sponsors.
500 euros pour acquérir 5 nouveaux clients à 500 euros, cela reste raisonnable.

Exemple 2 : Votre recommandation moyenne vous rapporte 2000 euros

Une recommandation génère 2000 euros. Avec 3 recommandations, vous générez 6000 euros de ventes. Enfin, 5 recommandations vous rapportent 10 000 euros.
En suivant la règle des 20% de recommandation sur le montant généré par les personnes recommandées, vous ferez 2000 euros de cadeaux.
1 personne recommandée = vous offrez son restaurant préféré d'une valeur de 200 euros
3 personnes recommandées = vous offrez une nuit au Grand Hôtel de Bordeaux d'une valeur de 300 euros.

5 personnes recommandées = vous offrez un voyage d'une valeur de 1500 euros. Aujourd'hui, vous pouvez aller à Marrakech pour moins de 100 euros aller-retour et passer 4 nuits dans un beau riad pour moins de 500 euros. Visez de belles destinations pour qu'ils puissent s'imaginer que chaque année ils gagneront des voyages grâce à vous.

Comment promouvoir votre programme de parrainage ?

Je vous invite à avoir deux brochures : une pour le parrainage et une qui présente vos services.
Une fois vos clients satisfaits, présentez-leur votre programme de parrainage sous la forme d'une brochure de 4 pages. Cette brochure leur expliquera les cadeaux qu'ils recevront s'ils font un parrainage gagnant. Elle devrait également les aider à vous recommander en leur adressant une page : Comment me parrainer ?
La deuxième brochure est la présentation de vos services afin qu'ils puissent vous recommander en la donnant à leurs réseaux.
Donnez-en 10 pour que votre client ne soit jamais à court. Votre carte de visite et vos contacts sont bien sûr mis en évidence.

Stratégie 2 : 52 avis Google My Business par an

Google My Business est l'un des meilleurs outils pour trouver de nouveaux clients. Néanmoins, 80 % des entreprises l'utilisent mal pour acquérir de nouveaux clients. La fonction première de cet outil est de recueillir des avis vérifiés pour aider à la prise de décision.
Imaginons que vous soyez considéré comme le meilleur avocat de la profession mais que vous n'ayez aucun avis sur google my business.

Comment pouvez-vous inspirer confiance aux personnes qui ne voient aucun avis sur votre fiche d'entreprise ? Quel est le pourcentage de personnes qui utilisent les services d'une entreprise qui n'a pas d'avis de clients ?

Un restaurant avec de mauvaises critiques, on évite d'y aller.
C'est la même chose, quel que soit votre secteur d'activité.

La mission de cette stratégie est d'encourager la collecte d'avis de clients. Si vous ne demandez pas à vos clients, ils ne viendront pas automatiquement. Il n'y a pas de honte à demander des avis clients, surtout lorsqu'ils vous permettent d'attirer de futurs clients. Tant que vous ne leur demandez pas d'argent, vous pouvez leur demander presque tout.

A la fin de chaque prestation, vous leur demandez par email ou par téléphone de laisser un avis client. Vous précisez qu'ils recevront une réduction de 10 % sur le prochain service pour les remercier d'avoir laissé un avis. Une fois qu'ils ont laissé un avis, vous les appelez personnellement pour leur dire qu'une bouteille de champagne les attend dans votre bureau. Et que vous pouvez la livrer s'ils ne peuvent pas venir la chercher.

Vous leur offrez un avantage financier pour laisser un avis tout en les gâtant par surprise à la fin. La boîte de chocolat fonctionne aussi très bien.

Aucun de vos concurrents ne sera en mesure de recueillir un avis client par semaine si une stratégie n'est pas mise en place derrière. Laissez parler le stratège qui est en vous pour recueillir les avis. Elles ont pour effet de multiplier par 3 les appels que vous recevrez et par 2 le nombre de visites sur votre site web.

Une année entière de collecte d'avis google, vous permet d'avoir
52 avis sans forcer. Combien d'avis vos concurrents ont-ils actuellement ? Soyez patient s'ils ont trop d'avance, ce n'est pas celui qui a le plus d'avis qui a la meilleure place sur Google My Business.

Stratégie 3 : Le parrainage par les outils

Vous voulez vous faciliter la vie avec un outil pour fidéliser vos clients ou partenaires. Un de mes clients préférés utilise la plateforme Stimbiz pour offrir des points de fidélité pour chaque recommandation. Pour faire simple, à chaque recommandation, il donne des points pour acheter une large gamme de cadeaux.
C'est comme avoir accès à un CE externalisé où vous bénéficiez de tarifs préférentiels. L'avantage est que les personnes qui vous recommandent choisissent elles-mêmes ce qu'elles veulent obtenir avec les recommandations. Cela simplifie également la logistique de l'octroi de cadeaux. L'utilisateur de la plateforme peut choisir de se faire plaisir avec plus de 1000 cadeaux allant du multimédia, au voyage en passant par les parfums.
Cette solution de fidélisation a néanmoins un coût mensuel mais largement compensé par la facilité de gestion des personnes qui vous recommandent. Elle sert également de SRM pour encourager les personnes qui vous recommandent le plus.

Stratégie 4 : Les CE externalisé pour fidéliser

Jusqu'à présent, l'accès au comité d'entreprise était réservé aux grandes entreprises. Désormais, il existe des solutions pour que les PME puissent bénéficier des mêmes avantages que les grands groupes.
Personnellement, j'aime les comités d'entreprise pour une raison simple, ma mère me donnait des tickets pour aller au cinéma ou au parc Astérix à des prix imbattables. Vous pouvez combiner la stratégie 1 avec la stratégie 4 pour réduire vos coûts.
Vous pouvez également utiliser votre CE externalisé pour donner par bonté d'âme à vos clients ou partenaires sans raison particulière. L'un de vos partenaires souhaite depuis quelques années aller au Puy du Fou avec sa famille. Surprenez-le le jour de son anniversaire en lui offrant les billets tant convoités. C'est dans ces moments-là que votre pouvoir de recommandation augmente.

Stratégie 5 : Créer une black card à l'image de votre entreprise

Avoir une black card est très rare pour le commun des mortels. Saisissez donc l'opportunité de l'offrir à vos clients pour les fidéliser. Elle peut offrir des avantages à tous vos partenaires.
L'avantage cumulé des réductions peut représenter des milliers d'euros.
Il peut aussi donner accès à des événements privés avec des invitations pour des cocktails ou des lancements de produits.
C'est un sentiment d'appartenance à une élite qui donne envie d'avancer ensemble.

Celui qui reçoit cette carte obtient des tarifs et fait de nouvelles connaissances ce qui lui permet de développer son activité.
Vous pouvez même prévoir une immersion de quelques jours pour les détenteurs de cette carte. Vous envoyez un email précisant les modalités de participation à cet événement dans une villa sur le Bassin d'Arcachon par exemple. Vous verrez que ce format d'événement est particulièrement apprécié.

Pour le côté technique, 100 cartes noires vous coûteront 100 euros HT. Vous pouvez créer une page partenaire avec la présentation des prestations et des contacts directement sur votre site internet.
Le thème Divi vous facilitera la vie pour cette tâche.

Les 3 Règles à retenir pour automatiser vos recommandations

La première est que plus vous recommandez les bonnes personnes, plus elles vous recommandent. C'est du bon sens mais ne vous attendez pas à être recommandé si vous ne faites pas gagner les autres.

Deuxièmement, donnez 20% des ventes générées par les recommandations pour remercier les personnes qui vous recommandent. Offrez les meilleurs cadeaux du marché pour que la communauté connaisse votre grandeur.

Troisièmement, offrez des avantages sans rien attendre en retour. Plus vous attendez un retour, plus vous serez déçu.
Il n'y a rien de plus grand que de donner et de faire plaisir à votre communauté. Je ne préconise pas que vous vous mettiez à nu pour faire plaisir aux autres, ils finiront par en profiter.

CHAPITRE 10

Doublez votre chiffre d'affaires : Écrivez un plan de développement en 5 étapes rentables

Enfin, le chapitre que vous attendiez tous, celui où vous doublez vos ventes. Je dois vous dire que c'est le chapitre où nous allons pouvoir mettre en place des stratégies rentables pour booster votre entreprise sur le long terme.
Il y a quelque temps, j'ai commencé à faire beaucoup d'entretiens de découverte et il était rare de trouver des entreprises qui avaient un plan de développement sur 5 ans ou même des objectifs bien définis. Lorsque vous créez une entreprise, si vous voulez passer le cap des 3 ans, il vous faut un plan qui vous permettra d'avoir un plan de développement durable tant en termes de revenus que de croissance de votre entreprise. Nous allons commencer par la règle des 3 sources avant de vous présenter le plan de développement de votre entreprise.

La règle des 3 sources

Tous vos conseillers vous disent qu'il est important de diversifier vos sources de revenus. Je ne parle pas d'avoir 3 entreprises avec des secteurs d'activité différents pour le moment. Prenons l'exemple de ma première entreprise. Vous savez déjà quel est l'objectif de cette entreprise : Accélérer les projets immobiliers des particuliers et développer le business de ses entreprises membres.

Je vous présente les 3 sources de revenus de mon entreprise.
Ensuite, nous allons donner d'autres exemples pour que vous puissiez mettre en place 3 sources de revenus dans votre entreprise.

- **Adhésion d'une entreprise au club**

Cette adhésion comprend un minimum de 4 services pour justifier sa cotisation. L'augmentation des services permet d'obtenir un meilleur panier moyen à mesure que l'entreprise se développe.
Vous pouvez commencer par un produit d'appel au moment du lancement et avoir ensuite un meilleur positionnement.

- Frais d'adhésion en 2018 : 300 HT
- Montant de l'adhésion en 2019 et 2020 : 700 excl.
- Montant de l'adhésion en 2021 : 1500 HT

Je passe sur les détails de l'offre de service mais il est important de comprendre l'importance de valoriser vos offres avec une cotisation élevée.

En 2018 si je voulais atteindre 100 000 euros de chiffre d'affaires, je devais trouver 277 clients.
En 2019, si je voulais atteindre 100 000 euros de chiffre d'affaires, je devais trouver 119 clients.
En 2021, si je voulais atteindre 100 000 euros de chiffre d'affaires, je devais trouver 55 clients.

Combien d'entreprises font faillite parce qu'elles ne vendent pas leurs services à un prix suffisamment élevé... Fixer des prix en corrélation avec les services que vous fournissez vous facilite grandement la vie. Vous avez besoin de moins de clients et vous filtrez les moins sérieux. Le signe d'un client qui vous causera des problèmes est lorsqu'on vous demande de payer en plusieurs fois. Vous aurez de bonnes surprises en attirant ce type de profil...

La première chose à faire est d'augmenter vos tarifs si vous voulez maintenir votre activité. Pour cela, avant de commencer l'année, demandez quel est votre objectif en termes de chiffre d'affaires.

Exemple : vous souhaitez atteindre 50 000 euros de chiffre d'affaires pour l'année. Votre prestation est de 1000 euros, vous devez trouver 50 clients par an, soit 4 clients par mois, donc 1 par semaine.

Par la suite, vous mettez en place des objectifs pour arriver à fermer un client par semaine.

- **L'adhésion des particuliers au club**

Les entreprises qui s'en sortent le mieux, ont deux types de clients afin de ne fermer aucune porte. Si on prend mon cas, les clubs d'affaires sont la plupart du temps ouverts exclusivement aux professionnels. Cassez les codes en intégrant à la fois une cible B2B et B2C dans votre business model.Personnellement, mon panier moyen à mes débuts pour une adhésion individuelle était de 120 euros par an. J'en ai presque honte aujourd'hui mais c'est en faisant des erreurs qu'on évolue.
Aujourd'hui, il est de 970 euros par an, pas moins.
Je propose parfois des services supplémentaires à certains membres.

Il vaut mieux avoir 100 membres à 970 qu'à 120 euros.
Vous multipliez ainsi votre chiffre d'affaires par 10. Bien sûr, quand on part d'une base plus basse, c'est évidemment plus facile.
J'ai un jour présenté mon concept de club à un investisseur qui avait une fortune de plusieurs millions d'euros. Mes offres n'étaient pas assez chères pour lui. Il s'est dit : "On va trouver tout le monde dans ce club". Il cherchait à rencontrer des personnes d'une certaine catégorie sociale, de vrais investisseurs qui génèrent des millions d'euros. Fixer le prix d'un service ou d'une offre est vraiment une mission délicate mais vous ne ferez jamais l'erreur de mettre un prix à la valeur de ce que vous offrez.

Voici un exemple d'une entreprise qui peut générer 1 million de revenus en combinant une offre B2C et B2B.

Les franchisés du chocolat Jeff de Bruges réalisent des ventes au point de vente auprès de clients B2C. Un franchisé qui gère bien son point de vente peut réaliser 400 000 euros de chiffre d'affaires avec ce seul type de clientèle. Ils ont la possibilité de vendre leurs chocolats en B2B par le biais des comités d'entreprise ou des associations de parents d'élèves. Le meilleur de la franchise atteint 1 million d'euros de chiffre d'affaires rien qu'avec le B2B alors qu'en moyenne les franchisés ne font que 150 000 euros. Ils n'ont pas mis en place les actions nécessaires pour toucher les deux types de clients.

En misant sur les deux, ils pourraient potentiellement tous atteindre un million de chiffre d'affaires. En prenant l'exemple de mon club, avoir une offre qui s'adresse à la fois aux entreprises et aux particuliers permet de doubler littéralement le chiffre d'affaires.

Si j'atteins mes objectifs de 100 clients professionnels et 100 particuliers. Nous passons de 100 000 euros de chiffre d'affaires potentiel à 200 000 euros.

1) Apport d'affaires sur l'offre clé renta

Doubler, c'est bien, mais il faut multiplier les opportunités pour toujours sortir gagnant. Si nous prenons en compte la crise du coronavirus en mars 2020, elle a eu un impact sur moi personnellement. Je n'ai pas pu organiser d'événements pendant près d'un an et demi. J'ai donc perdu beaucoup de mes clients parce que je ne pouvais plus faire d'événements physiques. La vie aurait-elle pu prévoir cette catastrophe sanitaire ? C'est l'une des raisons pour lesquelles il faut toujours avoir une source de revenus qui puisse résister à la crise. Pendant la crise, certains restaurateurs ont été sévèrement touchés alors que d'autres en ont profité.
Un ami restaurateur a fait 10% d'affaires de plus que l'année d'après la crise au cours du même mois. Il avait simplement su développer une offre de livraison que tous les restaurants traditionnels n'avaient pas mis en place. Chaque crise est une opportunité de diversifier vos sources de revenus.

La crise a durement touché votre entreprise d'une manière ou d'une autre. Vous avez eu peur pendant cette période. J'ai l'exemple de ma comptable qui avait vraiment peur de perdre tous ses clients car elle avait surtout des clients B2B. Même si cette peur était temporaire, elle a mis en place des actions concrètes.

Mettre en place 4 sources d'acquisition de clients :

- Lancer une chaîne Youtube
- Devenir une référence sur Instagram
- Optimiser sa référence
- Devenir un organisme de formation

Ainsi, elle a saisi l'opportunité de la crise pour mettre en place une formation sur la fiscalité qu'elle pourrait vendre via le CPF.
Elle a réussi à créer une présence en tant qu'expert sur les différents réseaux et cela lui amène des clients de toute la France.

Pour ma part, j'ai lancé une offre d'investissement clé en main durant cette période. Elle apporte des clients à mes adhérents en contrepartie, je touche un % d'apport. Mon panier moyen en cumulant l'apport d'affaires de l'ensemble était de 3000 euros.

Reprenons, j'ai commencé avec un panier moyen de 300 HT pour les entreprises et 100 HT pour les particuliers. Puis j'ai augmenté mes prix progressivement pour attirer les bons clients et en avoir moins. Pendant la crise, j'ai pu mettre en place une troisième source de revenus 10 fois supérieure à mon panier initial.

Ce que vous devez retenir de la règle des 3 sources :

- Augmentez vos tarifs de manière progressive en fonction du montant des revenus que vous souhaitez atteindre.
- Lancez une offre irrésistible qui se vend bien.
- Dupliquer le format de cette offre pour avoir 2 nouvelles sources de revenus.

Si vous n'avez pas mis en place ces actions, votre plan de développement sera bancal.

Peut-on réellement doubler son chiffre d'affaires avec le Networking ?

Oui, vous pouvez vraiment vivre du réseautage et développer votre entreprise en 5 étapes. Je n'ai pas vécu dans une voiture pendant presque 2 ans sans plan.

Étape 1 : Créer un réseau de 100 clients

Première étape essentielle, vous devez avoir un réseau de 100 clients satisfaits.

100 au-delà d'être un chiffre rond, c'est un défi d'atteindre
100 clients en un an. Cela parle à vos futurs clients, vous pouvez mettre en avant que vous avez 100 clients qui ont tous laissé un avis google my business. Vous passez aussi l'étape des 100 clients, c'est comme passer l'étape du premier million d'euros.

Pour atteindre cet objectif, vous devez viser 10 clients par mois. C'est un vrai défi dans la réalité.

Voici en détail ma stratégie pour atteindre 100 clients par an.
Je cumule 5 stratégies d'acquisition différentes pour les 5 étapes du plan de développement.

- **Créer des partenariats rentables**

Utilisez les stratégies du livre pour avoir un réseau de 40 partenaires. Ils vous recommandent au moins une fois par an. Si vous les motivez, ils vous recommandent 2 personnes par an ou 80 clients par an. Cette stratégie génère entre 40 et 80 clients par an grâce au réseau.

- **Communiquer efficacement sur les 4 meilleurs réseaux**

Les 4 réseaux sociaux à développer sont Facebook, Instagram, Linkedin et Youtube.

Facebook pour la force de ses groupes. Instagram pour promouvoir votre image de marque. Linkedin pour trouver des clients hautement qualifiés. Youtube pour augmenter votre référencement.
En fonction de votre secteur d'activité, il est préférable de se concentrer sur 2 réseaux en priorité.

Votre efficacité sur ces réseaux dépend de la qualité du contenu que vous proposez. La rédaction d'articles et la création de contenus vidéo sont des éléments essentiels pour se positionner en tant qu'expert. En effet, il partage les meilleurs conseils à l'écrit et s'exprime bien à l'oral.

Ces éléments vous permettent de vous démarquer en les combinant ce qui vous fait 8 contenus à forte valeur ajoutée par mois.
Partagez une vidéo et un article par semaine, vous en récolterez les fruits. Les sondages et quiz apportent aussi du business, je vous encourage à en faire un par semaine sur linkedin notamment.

Les stories de qualité sont un bon levier pour faire votre quotidien. Très simples à utiliser, elles vous rendent plus accessible.
1 article et 1 vidéo par semaine permettent de générer 4 clients par mois en vitesse de croisière.

- **Utilisez vos avis clients et mon programme de parrainage**

Si vous ne collectez pas les avis clients, c'est comme si vous perdiez des clients. A partir du moment où vous avez un client, vous devez lui proposer de laisser un avis sur votre google business.
Votre programme de recommandation génère en moyenne
3 nouveaux clients recommandés pour chaque client satisfait.
Ainsi, si vous avez 10 clients, ils vous en apporteront 30 de plus.

- **Organisez des événements pour trouver des clients plus facilement**

Vous êtes motivé pour organiser un événement par mois qui rassemble en moyenne 20 personnes. Vous convertissez ces participants à raison de 20% des participants ou 4 nouveaux clients par mois.

Pour atteindre ce taux de transformation, vous devez penser à les recevoir de la meilleure façon possible. Votre présentation doit être de qualité. Laissez un appel à l'action sous la forme d'une réduction. Aux participants de mes événements, j'offre -20% sur leur adhésion s'ils s'inscrivent suite à leur participation à un événement.

- **Devenez l'autorité du secteur en devenant un auteur**

Je ne dis pas qu'il faut être un auteur pour être un leader ou le meilleur. Je dis que peu de gens écrivent des livres. Vous faites alors partie des 5 personnes les plus influentes de votre secteur.
Vous éliminez ainsi 95% de vos concurrents.
En moyenne, un livre à succès se vendra à 50 ou 100 exemplaires par mois. Votre livre est excellent et vous lancez votre contact pour aller plus loin. Votre taux de conversion de lecteur en client est alors de 5%.
En transformant 5% de vos lecteurs en clients, vous avez 30 nouveaux clients en vendant 600 livres par an. Vous obtenez le double, soit 60 clients pour 1200 livres vendus par an.

En additionnant ces 5 points, vous obtiendrez votre objectif de 100 clients. Si on prend en compte la règle du 1 client satisfait vous en apporte 3 alors, l'année suivante vous en avez 300.

Étape 2 : Organiser un événement incontournable

Les salons, congrès ou forums sont des événements incontournables. Ils rassemblent en moyenne 3000 participants et vous permettent de briller dans votre ville. Tous les secteurs d'activité organisent des événements incontournables.
Voici quelques-uns des événements les plus importants en France :

- le salon de l'auto, le salon de l'agriculture ou le salon de la location
- Les concerts rassemblent des dizaines de milliers de personnes
- Les événements sportifs rassemblent des foules presque tous les week-ends

C'est pourquoi vous avez besoin d'un événement majeur organisé par votre entreprise dans votre ville. Le secteur de l'événementiel fonctionne toujours de la même manière. Vous avez des dépenses et des recettes.

Laissez-moi vous résumer comment organiser un événement avec un chiffre d'affaires de 500 000 euros : L'exemple de la Fashion Week

Dépenses
Location du lieu : 100 000 euros
Publicité de l'événement : 50 000 euros
Traiteur : 50 000 euros
Équipe de vente et de communication : 20 000 euros
Mannequins : 30 000 euros
250 000 euros de dépenses.

Ne vous inquiétez pas, vous percevrez les revenus bien avant vos premières grosses dépenses.

Revenus
Exposants : 40 exposants à 10 000 euros = 400 000 euros
Partenaires : 5 partenaires à 20 000 euros = 100 000 euros
Billetterie classique : 2000 participants à 100 euros = 200 000 euros
Billetterie VIP : 200 participants à 1000 euros = 200 000 euros
Ventes additionnelles : Livres, adhésions, voyages, collections.. ;
900 000 euros

Même si nous augmentons les coûts de l'événement de 400 000 euros. L'événement pourrait potentiellement faire 500 000 euros de bénéfices. La chose la plus importante, au-delà des bénéfices, est que vous pouvez répéter l'événement chaque année.

Si vous organisez l'un des plus grands événements de votre ville, vous deviendrez l'une des personnes les plus influentes de votre ville. Je ne peux pas détailler toutes les dépenses de ce type d'événement mais vous avez compris l'idée.

Étape 3 : Étendez votre activité à d'autres villes

L'idée d'une entreprise est qu'elle soit évolutive et duplicable partout. Si ce n'est pas le cas, alors vous êtes l'esclave de votre entreprise. C'est à elle de travailler pour vous et non l'inverse.

Lorsque vous créez une entreprise, vous devez déjà penser à la manière dont vous allez pouvoir ouvrir un deuxième établissement ou ouvrir dans une autre ville. Il existe plusieurs formats pour se développer : la franchise, la licence ou le recours à des ambassadeurs.
C'est très excitant de penser que vous allez dans une autre ville mais faites attention à deux choses : avoir un concept automatisé et avoir les bons éléments pour le développer.

Je vais vous parler de mes échecs pour vous faire prendre conscience des dangers d'un développement trop rapide. Comme Icare, je me suis brûlé les ailes en voulant voler trop près du soleil.
La même année, j'ai ouvert 3 clubs à Bordeaux, un à Arcachon et un autre à Albertville. Tout cela sans attendre la première année de mon premier club. Je voyais ce développement comme une réussite personnelle du fait de ma situation. En réalité, c'était un appât pour me faire tomber dans mon élan.

N'ouvrez jamais un deuxième établissement ou club avant que votre processus ne fonctionne sans appuyer sur un bouton. Tout le monde ne peut pas avoir les mêmes compétences que vous et la même motivation. Offrez donc un business qui fonctionne presque tout seul à vos futurs franchisés ou ambassadeurs.

C'est ce que je proposerais comme solution clé en main lorsque je veux me lancer dans une conquête nationale :

- Un pack de communication
- Une acquisition automatisée de clients
- Un week-end d'intégration et de formation
- Des masterclass chaque semaine
- 2 jours de coaching sur le terrain

Ils auront toutes les clés pour réussir à développer votre activité. L'idée est que vous n'ayez qu'à assurer le service client sans avoir à trouver de nouveaux clients.

Pourquoi développer en licence ou en franchise est une bonne démarche pour vous ?

Vendre 50 licences à 20 000 euros représente 1 million d'euros, mais ne vous focalisez pas sur ce million. Concentrez-vous sur la satisfaction du client et le développement de vos développeurs.

Étape 4 : Ouvrir votre espace

Il n'y a rien de plus important que l'emplacement !
Et si votre entreprise se transformait en une belle pierre et un bel espace. Pourquoi votre entreprise devrait-elle rendre quelqu'un d'autre plus riche que vous ?
Il est important d'acheter les locaux de votre entreprise.
Parfois, vous réduisez le montant du loyer que vous payez en effectuant des paiements mensuels qui enrichissent votre entreprise.

La petite stratégie pour investir dans la belle pierre est d'acheter une propriété résidentielle qui est plus facile à trouver qu'un espace commercial avec souvent un pas de porte à racheter.
Vous pouvez trouver un bel emplacement avec stratégie et la revente du bien peut générer une belle plus-value en retour.

Pour augmenter la rentabilité de ce type d'opération, vous pouvez acheter un espace qui convient à la fois à votre entreprise et à une partie que vous pouvez louer à d'autres entreprises.

Exemple : Vous achetez un local commercial pour 400 000 euros via une SCI avec un prêt sur 20 ans.
Vos mensualités s'élèvent à 2000 euros. Vous avez pensé à tout et avez optimisé l'espace pour accueillir 4 entreprises, qui disposent chacune de bureaux privatifs loués pour 500 euros.

Ainsi, vos locataires financent en réalité votre acquisition, qui sera valorisée à plus de 400 000 euros dans 20 ans.

Vous pourriez faire encore plus de bénéfices en créant un cluster d'entreprises comme le font certains professionnels de la santé.
Cela vous permet de mutualiser les coûts et surtout d'attirer une clientèle qui peut avoir besoin des services de chacune des entreprises du cluster.

Personnellement, je préfère l'option du coworking ouvert au public.
Un espace de coworking dont le modèle économique est rentable génère 20 000 euros de chiffre d'affaires mensuel.
L'objectif de cet espace est d'attirer la clientèle cible des coworkers, comme le font les centres commerciaux avec leurs galeries.
Pour être encore plus précis, vous pourriez créer votre propre centre commercial dans votre zone d'activité, à plus petite échelle bien sûr.

Si je devais imager cette option sur le thème de l'investissement immobilier. Je créerais alors un bar de coworking d'investissement.
Un mélange parfait entre un coworking et un bar à investisseurs.
Ils rencontreraient les professionnels dont ils ont besoin pour accélérer leurs projets, au même endroit. En même temps, ils rencontreraient d'autres investisseurs pour développer leur réseau.

L'espace proposerait ensuite des événements thématiques et des rencontres plus festives pour faciliter le business.
Surtout, il générerait un beau chiffre d'affaires et serait le QG d'investissement de votre ville.

Imaginez votre image de marque avec un tel établissement avec le logo de votre entreprise ou votre nouvelle marque chic.

Étape 5 : Lancer une plateforme aux millions d'utilisateurs

Pour finir de développer votre entreprise, vous devez avoir des millions d'utilisateurs. Heureusement, vous disposez désormais d'un réseau puissant et vous êtes une personnalité publique grâce à votre événement de référence. Votre expansion nationale génère une manne financière importante. Votre établissement vous procure des revenus passifs.

Toutes les cartes sont entre vos mains pour franchir l'étape ultime du réseautage.

Fédérer une communauté qui utilise votre plateforme vous donnera l'opportunité d'être racheté par une entreprise plus importante que la vôtre. Instagram et Whatsapp ont été rachetés pour des milliards. Blablacar a également été racheté par la SNCF pour plusieurs millions. Prenons l'exemple de l'école de commerce INSEEC, des fonds d'investissement l'ont acquis pour plus de 200 millions d'euros.

Quel est le dénominateur commun entre toutes ces entreprises ?

Elles avaient une communauté d'utilisateurs qui utilisaient un service ou des millions de transactions par an. Créer une plateforme que des milliers de personnes utilisent vous fait valoir des millions de dollars. Il faut beaucoup d'argent pour développer ou même trouver ce genre de concept. C'est pourquoi il s'agit de la dernière étape de cette formation.

Le format d'abonnement de Netflix est un exemple éclatant du pouvoir des plateformes. L'entreprise compte plus de 200 millions d'abonnés dans le monde, soit 1,6 milliard de revenus par mois.
Une grande partie est réinvestie dans la création de contenu pour garder le leadership.
Prenons un exemple encore plus impactant pour démontrer le pouvoir des plateformes.

Amazon avec son abonnement Prime propose pour 5,99 euros par mois ou 50 euros par an l'accès à 4 services :

- La livraison gratuite sous 48 heures
- Accès aux ventes flash
- Prime Video
- Amazon Music

Pourquoi cette offre est-elle le modèle parfait de l'hégémonie de cette marque ?

Tout simplement parce qu'elle vous incite à faire des achats sur la marketplace, vous regardez les films et séries Amazon et vous écoutez de la musique dessus. Vous utilisez donc les services de l'entreprise tous les jours sans vous en rendre compte. C'est pourquoi Amazon génère des centaines de milliards et que son fondateur est l'un des hommes les plus riches du monde.

Rédigez cette étape 5 avec toute l'imagination que vous avez, même si vous n'avez pas les moyens techniques et financiers de la réaliser dans les prochaines années. C'est le rôle du réseau de vous fournir l'argent, les compétences et le pouvoir nécessaires à la réalisation de vos rêves.

Votre réseau vous ouvrira des portes qui n'étaient pas accessibles auparavant pour atteindre même les plus grands décideurs de votre secteur ou de votre ville. Une fois que vous avez un réseau qui croit en votre projet, il vous soutiendra, que ce soit financièrement ou techniquement. Être à la tête d'un projet qui aborde un problème de société vous élèvera au-delà de toute attente.

Vous pensez avoir besoin de millions d'euros pour faire de votre entreprise une future licorne ?

Vous devez avoir fait vos preuves pour convaincre les plus grands influenceurs. L'argent n'est jamais un problème, c'est une solution, à condition d'avoir un bon réseau. Les grands fonds d'investissement investissent des millions dans des projets, parfois avec plus ou moins de succès. Ils préfèrent investir sans avoir à réfléchir et à porter le projet au quotidien.

Vous êtes le projet dans lequel tout le monde veut investir.

Dès que vous aurez compris cela, vous obtiendrez tout ce que vous méritez.

Conclusion

Cassons les codes de la conclusion classique où l'on propose des réflexions sur l'avenir. Utilisons plutôt le format ultra-détaillé du plan d'action pour réussir à doubler votre chiffre d'affaires en passant de zéro au sommet.

Prenons l'exemple d'une décoratrice d'intérieur qui arrive seule dans la ville de Strasbourg. Elle ne connaît absolument personne dans la vie mais est tombée sous le charme suite aux week-ends précédents. Elle est indépendante depuis 2 ans depuis Paris.

Son problème est qu'elle ne connaît personne dans sa nouvelle ville de résidence. Son objectif est de réaliser 100 000 euros de chiffre d'affaires malgré la situation. D'ici 5 ans, elle veut avoir son propre showroom et une équipe d'au moins 5 employés.
Voici ce qu'elle fait pour réussir son challenge.

Étape 1 : Création de son business plan en 5 étapes et d'une offre de services convaincante

Après avoir lu notre livre, elle commence par se demander pendant le week-end comment elle veut se développer sur 5 ans.
Elle ne veut pas courir partout comme un taureau affamé à la recherche de clients. Pour avoir un véritable succès, elle décide d'envisager un développement en 5 étapes.
Pour la première étape, elle décide de mettre en place un réseau de 40 partenaires commerciaux et de trouver 50 clients.
Le plus important pour elle est de mettre en place un réseau qui la recommandera au moins une fois par an. La satisfaction des clients est également sa priorité afin de se faire un nom dans son secteur.
A l'issue de sa première étape, elle pourra proposer à ses
40 partenaires d'organiser avec eux le Salon de la location meublée.
Le concept est d'offrir une expérience unique aux personnes qui souhaitent créer un coup de cœur déco pour meubler leurs projets d'investissement locatif.

Elle dispose d'une base de deux partenaires dans 20 métiers différents. Elle devra trouver 40 autres futurs partenaires pour avoir un salon composé de 80 exposants. Le stand sera vendu 2 000 euros hors taxes, soit 160 000 euros de chiffre d'affaires.
Bien entendu, elle compte exposer dans son propre salon pour atteindre 40 000 euros de prestations vendues lors de cette édition. Le salon doit réunir 1000 personnes pour une première édition afin d'atteindre ses objectifs.

Les prochaines éditions seront encore plus réussies avec un budget plus important et une meilleure participation. Cette expérience va au-delà de l'organisation d'un événement original car les entreprises présentes, comme les chasseurs immobiliers, confieront automatiquement les projets qu'elles réalisent aux clients trouvés sur le salon.

Dans un troisième temps, elle souhaite se développer car elle ne peut pas assumer plus de 50 projets clients par an. C'est pourquoi elle décide de faire de son entreprise une marque avec un concept qu'elle pourra dupliquer. Elle a demandé à son avocat personnel de mettre en place un contrat d'ambassadeur. Il s'agit de la première étape avant la création d'un contrat de licence. Il offre à l'ambassadeur la possibilité de développer sa marque en échange d'une formation initiale et d'un soutien pour faciliter l'acquisition de clients. Elle mettrait à disposition de ses ambassadeurs un pack de communication associé à l'acquisition de trafic payant. L'idée est que cet accompagnement clé en main génère 10 leads par mois, dont 4 sont fermés.

En échange, l'ambassadrice s'engage à payer 2500 euros pour un week-end de formation d'intégration avec un suivi d'une semaine. Idéalement, elle souhaiterait devenir organisme de formation avant qu'une partie de la formation ne soit prise en charge par le compte personnel de formation. Elle recevrait également 20% du montant total hors taxe des prestations de l'ambassadeur.

Par exemple : son panier moyen est de 2000 euros HT, c'est donc 400 euros par projet qu'il génère. Pour assurer la rentabilité de ses ambassadeurs, elle doit les accompagner pour qu'ils réalisent un minimum de 4 projets par mois. Ces 4 projets représentent un chiffre d'affaires de 6400 euros pour l'ambassadeur et 1600 pour l'entreprise.

L'objectif de cette troisième étape est de former 5 ambassadeurs qui réalisent 4 projets par mois, soit 48 projets par ambassadeur. Tous ces projets représentent 240 projets par an et 96 000 euros pour l'entreprise avec 20% de royalties.

La quatrième étape de son plan est d'ouvrir son propre showroom pour accueillir le public. Notre décoratrice d'intérieur préférée ne veut pas être comme tout le monde. Elle a donc pensé à un concept jamais essayé qui pourrait combiner la décoration et la mode.
Le but de cet espace est de vendre ses services en tant que designer d'intérieur avec un ensemble de meubles exposés dans le showroom. Afin d'augmenter l'expérience client suite à la visite de son showroom, elle s'est demandée ce qui pourrait rendre la visite encore plus agréable.

Être accueilli avec un cocktail sans alcool gratuit serait déjà un bon point. Il peut autrement s'agir plus simplement d'une citronnade ou d'un jus de bissap pour l'effet de surprise. Afin d'offrir ce genre de service, elle devra prévoir un espace lounge avec un bar avec des espaces pour s'asseoir et chiller. Elle pourrait louer une partie de votre espace à un spécialiste de la restauration rapide, à l'instar de ce que proposent les centres commerciaux. Une fois vos visiteurs désaltérés et satisfaits, vous devez leur proposer de titiller une autre passion que celle qu'ils ont pour la décoration.

Le choix de la décoration d'une maison ou d'un appartement en location est fait par les femmes dans 60% des cas. Mesdames, vous avez le pouvoir ! L'autre passion des femmes distinguées étant la mode, un espace fashionista est également prévu dans ce showroom.

De beaux modèles et des parfums exclusifs sont mis en avant pour que les clientes, une fois leur décor trouvé, puissent faire du shopping et se restaurer au même endroit.

Le dernier atout de cet espace est qu'il est modulable et permet d'organiser des événements tout en étant disponible à la location pour des soirées privées. A Bordeaux, la location d'un espace pour une soirée est en moyenne de 600 euros.
Ainsi, l'espace générerait de l'activité en journée et du retour en soirée. Nous ne rentrerons pas plus dans les détails du projet mais c'est pour vous faire comprendre la logique.

Pour finir sa dernière étape serait de mettre en place un ikea chic en ligne pour les personnes qui souhaitent louer avec un pack complet de meubles combiné aux conseils d'un architecte d'intérieur.
Ce type de plateforme existe déjà, l'un des leaders du marché Sébastien Morin a lancé Easy Mobilier, destiné aux investisseurs immobiliers. Ses packs de meubles seront même présents au Salon de l'investissement immobilier.

Néanmoins, il y a toujours de la place et d'autres idées de plateformes à lancer.

Son plan de développement est aussi ambitieux qu'on l'aime. Maintenant qu'il est écrit, il est temps de proposer une offre de services convaincante pour faire parler d'elle sur le marché.

Voici ce à quoi elle a pensé pour devenir la nouvelle perle de son secteur :

- Services de décoration intérieure (ce que tout le monde propose)
- Pack mobilier avec paiement facile
- Prise de photos, vidéo 4K et rédaction d'une annonce pour le propriétaire
- 5 éléments de décoration préférés

Son panier moyen avec cette offre est de 3500 euros comprenant sa prestation d'architecte d'intérieur et son apport d'affaires sur le pack mobilier.

En dépenses sur l'offre, il faut prendre en compte le shooting photo, la réalisation de la vidéo et les 5 éléments de décoration.
Elle dépense 500 euros pour enrichir son offre avec ces services.
Maintenant qu'elle a son offre irrésistible, elle va se consacrer à la construction de son réseau d'affaires.

Étape 2 : Bâtir un réseau de partenaires d'affaires et mettre en place des partenariats rentables

Après son premier week-end de réflexion sur le développement de son activité et la création de son offre, elle décide de se lancer dans le réseautage.

Elle ouvre un fichier word, facebook, linkedin et google.
Il s'agit en fait d'une étude de marché de tous les réseaux qui existent dans la ville et des événements organisés dans les mois à venir.

Tout d'abord, elle commence par Facebook et tape dans la barre de recherche afterwork Strasbourg. Elle recherche ensuite les groupes d'entrepreneurs dans la région. Elle s'inscrit aux événements Facebook qui sont les plus pertinents pour elle. Ces inscriptions aux événements lui permettent de se faire proposer d'autres personnes.

Enfin, elle note les informations des 4 événements les plus intéressants. L'opération est dupliquée sur son Linkedin avec quelques ajouts en ciblant le mot clé business network ou business club.

Ensuite, elle utilise Google pour effectuer les recherches suivantes :

- club d'affaires strasbourg
- réseau d'affaires strasbourg
- BNI strasbourg
- speed meeting strasbourg
- afterwork strasbourg
- club d'affaires strasbourg
- réseau d'affaires + club de foot, basket, rugby...

Afin de simplifier sa recherche, elle ouvre de nouvelles fenêtres sur les 5 premières pages de recherche. Elle a donc 40 pages ouvertes.
Elle liste les réseaux et les événements qu'elle souhaite découvrir. Afin de ne pas être surchargée d'événements, elle visite 4 réseaux par mois.
Ses passions étant le sport, la danse et le golf, elle s'inscrit à des activités sportives pour développer son réseau tout en s'adonnant à ses passions.

Les 3 premiers mois sont consacrés à la participation à des événements, à la constitution d'une base de données d'au moins 100 personnes et à la recherche d'un partenaire par semaine.
C'est pourquoi elle passe 1 heure tous les matins entre 7 et 8 heures à chercher des partenaires dans l'immobilier. Après une semaine, elle diminue son temps de recherche.

Pour faire sa recherche, elle a un message standard et elle envoie à 15 professionnels par jour de la semaine. Elle envoie à un métier par jour pour se simplifier la vie. Ainsi, elle envoie 15 messages par jour du lundi au vendredi aux métiers suivants :

Semaine 1 :

- Lundi : Agent immobilier
- Mardi : Constructeur de maison individuelle
- Mercredi : Architecte DLPG
- Jeudi : Maître d'oeuvre & Courtier en travaux
- Vendredi : Expert-comptable

Semaine 2 :

- Lundi : Courtier en prêt immobilier
- Mardi : Chasseur immobilier
- Mercredi : Avocat
- Jeudi : Conciergerie
- Vendredi : Agent immobilier entreprise

En deux semaines, c'est 150 messages qui ont été envoyés avec un premier taux de prise de rendez-vous de 10% soit 15 rendez-vous décrochés.

Suite à ces rendez-vous, elle réussit à mettre en place 8 partenariats donc se créer un réseau de 8 partenaires d'affaires. L'idée est de s'entourer de personnes qui partagent le même état d'esprit.

Voici les éléments un résumé des éléments du partenariat :

Pour les entreprises qui recommandent l'Architecte :
- 10% sur les prestations pour leurs clients
10% d'apport d'affaires pour le partenaire ou un coaching de décoration
Programme de parrainage : 1 reco = 1 restaurant ; 3 recos = un SPA dans un hôtel 5 étoiles ; 5 = un week-end à Marrakech, Séville ou Lisbonne.

Pour l'Architecte qui recommande son partenaire :
- 5% sur les prestations pour ses clients ou un service offert.
5% sur l'apport d'affaires pour le partenaire ou un service offert.

La mise en place de ces partenariats devrait lui permettre d'être recommandé une fois par an par ses partenaires.

Etape 3 : Construire une communauté qualifiée et lui apporter de la valeur ajoutée

Une fois son réseau de partenaires commerciaux constitué, elle se consacre à la constitution d'une communauté qualifiée et à la mise en place d'une stratégie de communication pertinente.

Elle commence à suivre les comptes des influenceurs de l'immobilier à Strasbourg sur Instagram. Une fois abonnée à ces comptes, elle aime 3 photos des nouveaux comptes qu'elle suit.

Elle cherche également à s'abonner à tous les professionnels de la ville qui peuvent être de futurs partenaires. Une fois cette étape concrétisée, elle s'abonne aux comptes abonnés à ces sociétés immobilières et influenceurs.

Sur Facebook, elle devient membre de tous les groupes de sa niche dans la ville. Elle ajoute ensuite des membres qui vivent dans la ville.

Enfin, sur Linkedin, elle demande aux personnes ayant de bons revenus de s'inscrire : CSP +, chefs d'entreprise et professionnels.
La création de cette communauté lui prend à peine 10 minutes par jour, donc moins d'une heure par semaine.

Désormais, il faut apporter de la valeur à cette communauté en partageant des contenus à forte valeur ajoutée. Ne voulant pas passer beaucoup de temps à la création de contenu, elle se simplifie la tâche avec une méthode précise.

Elle se réserve une heure par mois pour créer l'ensemble de ses publications mensuelles. Pour commencer, elle prévoit de partager 3 publications par semaine sur tous ses réseaux, y compris Google My Business.

Pour ce faire, elle ouvre une google sheet pour définir les jours de publication, la typologie et le thème du post.

Son premier mois de communication est organisé comme suit :

- **Lundi : Conseil déco de la semaine**

Elle se rend sur Canva et crée un visuel au format des réseaux sociaux, le format carré.
Ce visuel sera le même pour les 4 semaines du mois, seule l'astuce changera chaque lundi. Ainsi, il n'y a plus qu'à écrire les 4 meilleures astuces du mois qui peuvent plaire à sa communauté en une seule fois.
C'est toujours agréable de recevoir de bons conseils surtout en début de semaine.

A faire : Créer le visuel de base + écrire 4 astuces

- **Mercredi : Quiz ou enquête avec quelques solutions**

Rédigez sur un document word, 4 quiz sur la décoration ou des sondages pour connaître les besoins de votre communauté.
Les sondages et les quiz sont très appréciés sur Facebook, Insta et même Linkedin. Ils vous donnent une accroche pour entrer en contact avec vos correspondants.

Ps : Les sondages Linkedin génèrent des milliers de vues en moyenne.

À faire : Préparer 4 sondages

- **Vendredi : Inspiration sur une type de décoration**

L'architecte n'a pas encore de réalisations ou de références à Strasbourg. Ce n'est pas un problème en soi, elle peut partager ses projets précédents. Si elle n'en a vraiment pas encore, il est tout à fait possible de partager des inspirations.
Elles montreront la capacité de l'architecte d'intérieur à inspirer visuellement sa communauté.

Ses 3 contenus par semaine sont à partager également sur Google My Business pour optimiser son profil professionnel.
Elle partagera son contenu en photos et un autre en format post.
Elle n'hésite pas à demander des avis à son réseau primaire pour obtenir un avis par semaine.

Après 3 mois de communication classique, elle partagera ses réalisations au format article et fera des vidéos avant/après.

Étape 4 : Organiser les premiers événements avec la promotion du programme de parrainage

Après 3 mois de réseautage intensif et 3 autres mois de communication subtile, elle décide d'organiser son premier événement. Celui-ci se tiendra dans un espace de coworking branché, avec un thème intéressant.

L'objectif est de réunir 40 personnes dont ses partenaires et ses futurs clients potentiels. Pour la première édition, elle va tester le marché avec un événement payant à 15 euros mais avec des services qui valent le prix d'entrée.

Pourquoi faire un premier événement payant ?

Elle préfère avoir des participants qui sont prêts à payer pour des conseils et qui comprennent l'intérêt de s'entourer d'experts.
Les événements gratuits attireront toujours les mauvaises cibles. L'expertise n'est jamais gratuite !
Vos partenaires sont invités ainsi que leurs clients qui peuvent devenir des prospects qualifiés. Petits fours et bons vins concrétisent une intervention de qualité.

Si cette première édition des apéros déco plaît aux participants et que l'architecte réalise un bénéfice, alors il faut en faire une tous les 2 mois pour créer l'effet de rareté. Elle pense donner à chaque invité, à l'exception de ses partenaires, un coupon pour une réduction de 15% sur ses services, cette offre est valable pour les 6 prochains mois.

Pour organiser des événements de manière beaucoup plus simple, elle organise 1 live par mois sur Facebook ou Instagram. Elle fait intervenir un partenaire avec lequel elle a mis en place une offre irrésistible. L'intérêt de faire ce type d'événement en ligne est qu'il ne nécessite aucune préparation particulière et que vous pouvez enregistrer le contenu. Celui-ci pourra être partagé sur tous les réseaux sociaux et augmentera votre référencement en le mettant sur Youtube.

Combien d'acteurs de votre secteur peuvent se vanter d'organiser des événements à la fois physiques et en ligne ?
L'architecte sera sûrement l'un des 3 seuls acteurs du marché à proposer ce type de contenu.

Étape 5 : Devenir l'experte numéro de son secteur avec une stratégie efficace pour doubler son chiffre d'affaires tous les ans

Le réseau de partenaires commerciaux est désormais en place.
La communication porte ses fruits avec une moyenne de 5 prospects par mois. Les événements augmentent le rayonnement de son aura sur la ville.
Toutes ces démarches la positionnent de plus en plus comme la référence dans son secteur. Elle décide alors d'accélérer les choses en organisant un shooting photo avec une dizaine de ses partenaires et de se former à la vidéo pour en réaliser une par semaine.

Une semaine après la séance photo, elle sélectionne 52 photos, dont 12 où elle est seule sur les photos et le reste avec ses partenaires. Elle pourra ainsi partager une photo par semaine d'elle avec ses partenaires et une photo par mois d'elle seule. Sa communauté a besoin de voir une image de classe qui met en valeur les autres.
La vidéo est le meilleur outil pour exprimer son expertise, d'où son utilisation pour présenter des projets en cours ou pour intervenir sur un thème précis.

Enfin, elle se lance dans l'écriture de son premier livre à la fin de sa première année de réseautage. Il la placera comme une autorité dans sa ville et même à l'échelle nationale. Cela aura un impact direct sur l'accroissement de son activité par la suite.

Voici le plan d'action qui permettra à une parfaite inconnue dans une ville de générer des affaires grâce au réseautage. Plus vous prendrez de mesures, plus vous aurez de succès. Vous pouvez tous réussir ce voyage, vous êtes prêts à devenir les futurs maîtres du réseautage !

Pour aller plus loin :

Je vous propose de rejoindre le Groupe Facebook **TOP NETWORKER** afin de créer un réseau au niveau national et poser toutes les questions que vous souhaitez pour développer votre activité.
Je vous offre également la formation: L'art du réseautage d'une durée de 5 heures pour appliquer plus facilement les stratégies du livre.

Je vous invite personnellement au plus grand rendez-vous de l'investissement en France qui réunira 10 000 personnes au stade MATMUT de Bordeaux les 24 et 25 septembre 2022.
Au programme : 100 intervenants, 100 exposants et un networking prestigieux de 500 personnes.

Pour accéder au groupe, obtenir l'accès à la formation et recevoir votre invitation au salon : envoyez-moi un email ou n'hésitez pas à me contacter sur mes réseaux sociaux.

Email : club.rentabilite@gmail.com
Linkedin : Thibault Ebobisé Épée
Facebook : Thibault Epée
Instagram : @mister_renta

J'espère que ce manuel vous aidera à entrer dans la matrice du networking et que l'art du réseautage vous sera profitable.

PS : n'hésitez pas à laisser un avis sur Amazon à propos du livre. Merci pour vos commentaires, que le pouvoir du réseautage soit avec vous !

The world is yours !

Printed by Amazon Italia Logistica S.r.l.
Torrazza Piemonte (TO), Italy

30044690R00105